AF199595

Bibliografische Information der Deutschen
Nationalbibliothek: Die Deutsche
Nationalbibliothek verzeichnet diese Publikation
in der Deutschen Nationalbibliografie; detaillierte
bibliografische Daten sind im Internet über
www.dnb.de abrufbar.

Herstellung und Verlag:
BoD – Books on Demand, Norderstedt
ISBN: 9783751917056

# Frieda Haberlach

## Leben in Braunschweig

Beiträge aus dem gleichnamigen Blog
www.leben-in-braunschweig.de

# Inhalt

# Vorwort

Das Leben in Braunschweig ist einfach einmalig

Mein Name ist Frieda Haberlach, ich komme aus Russland und lebe seit über 20 Jahren in Braunschweig. Ich liebe diese Stadt. Auch die kürzlichen Ergebnisse der Studien zum Thema Zufriedenheit&Wohnen in Deutschland haben bestätigt, dass es sich in Braunschweig gut leben lässt.

Es ist diese schöne Stadt, mit viel Grün, kurzen Wegen, die wunderbar auch mit dem Rad zu bewältigen sind. Es sind viele Cafés und Lokale, die leckeres Essen und ein stillvolles Ambiente bieten. Es sind viele Kultur- und Freizeit-angebote, die das Stadtleben bereichern. Wissenschaft- und Politikinteressierte, Philoso-phen, angehende Literaten und Start-Up'ler kommen auch auf ihre Kosten, indem sie zahlreiche und thematisch breit gefächerte Vorlesungen, Podiumsdiskussionen, Foren, Debatten und Lesungen aufsuchen.

Sportbegeisterte und Fans können ihre Mannschaften und Einzelsportler anfeuern und mit ihnen mitfiebern; Familien, Kinder und Jugendlichen haben ebenso zahlreiche Angebote vor der Tür. Es lässt sich gut leben in Braunschweig!

Warum möchte ich darüber schreiben? Es gibt immer etwas, was einen Menschen bewegt. Und so möchte ich zum Ausdruck bringen, was mein Leben in Braunschweig ausmacht, was mich berührt, was mir Freude bereitet, aber auch was mich betrübt. Es sind festgehaltene Begegnungen, Erlebnisse, Momentaufnahmen, Gedanken, Anregungen.

Das Lesen, Nachdenken, Inspiration holen erlaubt. Ebenso wie das Weiterklicken, das Nicht-Lesen und Nicht-zu-Herzen-Nehmen, schließlich gibt es so viele Infos, Nützliches und wenig Brauchbares im Netz.

Außer Kultur- und Lokaltipps sind es viele eingefangene Momente, die so zum Leben gehören und es auch ausmachen - wie Perlen einer Kette, und jede Perle ist es wert, betrachtet zu werden. Und oft ist es ein Versuch, die Frage: „Was ist unser Leben? Was macht es liebens- und lebenswert?" zu beantworten. Ohne Anspruch auf Allgemeingültigkeit - höchstens mit einer Hoffnung, zum Nachdenken, zum Nachfühlen zu bewegen, zum Genießen, zum Im-Moment-Verweilen einzuladen.

Weil das Leben schön ist!

## Wein- und Käseabend

Ein schöner Abend mit Wein, Käse und
Kerzenlicht

Was tun mit dem angebrochenen Freitagabend?
Zu spät, um etwas in der Stadt anzusteuern. Zu
früh, um sich der Flimmerkiste zu unterziehen.
Außerdem bin ich deren ausgiebigen „Genusses"
in den letzten Tagen – dem Umstand einer
heftigen Sommergrippe geschuldet – völlig
überdrüssig, ebenso dem Lesen ver-schiedener
Lektüren. Und für etwas Aktives fehlen mir noch
sowohl die Kraft als auch Energie...
Also? Vielleicht ein Weinabend? Ja, das ist es. Ein
Weinabend!

Kein guter Wein, kein Käse zu Hause. Schnell in die Schuhe rein, Jacke überstreifen und raus! Der hell beleuchtete Metro grüßt mit geschlossenen Türen – es ist 20 vor neun. Aber der Supermarkt um die Ecke hat noch auf. Und – die Rettung! - seine Käsetheke ist noch nicht aufgeräumt. Schnell ist die wunderbar-würzig-leckere Käseplatte zusammengestellt: Steinsalz Bergkäse, schweizer Appenzeller, Bockshornklee, Heublumenrebell... Allein die Namen lassen die Vorfreude auf den genussvollen Abend noch höher steigen! Passend dazu: verschiedene Senfsaucen, aus roten und grünen Feigen und Quitten.

Die Rolle des fehlenden – um die Uhrzeit nicht verwunderlich – Baguettes dürfen Ciabatta-Aufbackbrötchen übernehmen. Jetzt fehlt nur noch der Wein.

Der flüchtige Blick auf das Weinregal bestätigt die dunkle Vorahnung: auf der Suche nach einem guten, nicht übermäßig teuren edlen Tropfen wird man leider nicht fündig. Auch wenn es letzten Endes eine Geschmackssache ist: keine

Präsenz - weder von einem stilvollen Merlot, noch einem ausdrucksstarken Primitivo - geschweige denn einem fruchtigen Crianza oder einem kräftigen Rioja – erfreuen den genußhungrigen, suchenden Blick. Nein, sie alle glänzen durch ihre Abwesenheit.

Somit entscheidet eine Erinnerung über die Wahl: ein italienischer Merlot besticht durch den Hinweis auf das Anbaugebiet Trentino: da war ich doch mal vor Jahren, in der schönen Provinz Trentino! Mit dem Besuch der berühmten Kellerei sind so viele herrliche Augenblicke verbunden, darunter auch eine Weinverkostung im grandiosen alten Gewölbe-Keller, einige Weinsorten mit einer Allerlei verschiedenster kleiner Begleiter – Brot- und Käsewürfel, Salamischeibchen, Antipasti...
Gut, Trentino-Merlot.

Zu Hause angekommen, sind nur noch einige wenige Handgriffe erforderlich: Brötchen aufsetzen, Wein zum Atmen öffnen, Käseplatte arrangieren, Feigen-senfgläschen aufmachen, Kerze anzünden, Alexa um eine Aufführung des

„geschmacksvollen Jazz zum Abendessen"
bitten... Fertig!

Tintenschwärze des späten Maiabendes ballt sich
gemütlich vor den Fenstern, die flackernde
Kerzen-flamme taucht alles im Zimmer in ein
sanftes, schim-merndes Licht; das leise Plätschern
der Musik im Hintergrund stört weder die
Unterhaltung noch die Pausen... Der Käse
schmeckt vorzüglich, das Pikante, Würzig-
Kräftige wird durch die intensive fruchtige Note
der Rote-Feigen-Senfsauce unterstrichen, und der
milde Geschmack der leckeren, crossen, duftenden Brötchen rundet den Genuß ab. Auch der
Wein – wenn auch nicht dekantiert – schmeckt
durch das ermöglichte Atmen besser (gut, beim
nächsten mal wird ein guter Wein vorher gekauft,
so viel steht fest. Er muss nicht teuer, gut soll er
aber sein und schmecken. Und bei „Barrique" in
den Braunschweiger Schloss-Arkaden oder beim
Jacques' Depot wird man ganz bestimmt fündig).

Und so fließt der lukullischer Abend dahin; der
Moment, das Empfinden, ausgedehnt zwischen
den Mühlsteinen der Zeit, ist rund, ist schön, ist

vollkommen. Man redet über den Gott und die Welt, man schweigt – erfüllt und zufrieden, man genießt...

Man ist.

# Meister-Konzert in Braunschweig

Ein wunderschöner Abend in der Braunschweiger Stadthalle

Der Frühling ist voll im Gange. Auch wenn es gefühlt Hochsommer ist, haben wir noch – sogar aus meteorologischer Sicht – den Frühling in Braun-schweig. Sonnencremes, Eis und kurze Röcke haben Hochkonjunktur.

Sich auf den Feierabend zu freuen – besonders bei diesen unmenschlichen Temperaturen - ist absolut menschlich und verständlich. Nicht nur die Kleidung, auch der Blick klebt – an dem Uhrzeiger. Und dann kommt der Moment der Befreiung: raus aus dem stickigen Büro, wo die Luft förmlich schwimmt und ihre primären Eigenschaften – Frische und Sauerstoff - sekündlich verliert. Raus in die Freiheit!

Zuerst unbedingt nach Hause und duschen. Erst nach der Erfrischung können die grauen Zellen langsam ein paar Ideen liefern für die Gestaltung des am späten Nachmittag beginnenden Abendes.

Wenn Sie aber zu den glücklichen Besitzer der Tickets für ein Event aus der Reihe „Meisterkonzerte" gehören, erübrigt sich die Frage nach den Ideen. So ging es uns am gestrigen Montag: zur Vorfreude auf das Konzert mit Igor Levit mischten sich nur Fragen: Was ziehe ich bei der Hitze an? Wird das Klima in der Stadthalle für eine angenehme Kühle sorgen, die die Aufnahme der schönen Musik mit der gebürtigen Aufmerksamkeit erst ermöglicht?

Die Lösung schnell gefunden, das Outfit zusammengestellt, die Sorgen beim Betreten des fast leeren Saals der Stadthalle verflogen: zu sagen, dass der Raum kühl ist, wäre übetrieben, aber er ist an-genehm. Und die anfängliche Überlegungen, ob nicht viele älteren Besucher solcher Konzerte doch nicht zu Hause geblieben seien, weichen schnell der Tatsache, dass in den letzten Minuten vor dem Konzertbeginn die feierlichbunte Menschenmenge prompt die gähnende Leere des Saals füllt.

Man schaut um sich um und entdeckt bekannte Gesichter. Winken, lächeln, nicken, smalltalken, wenn es möglich ist. Die Freude über das Bevorstehende teilen. Es sind schöne Momente, und Freude steigt in mir auf. Die Lichter gehen aus.

Die Bremer Philharmoniker sind wunderbar, der engagierte Florian Donderer ist eine lebendige „Verlängerung" seiner Geige, und der Bogen wird zum Dirigentenstab, und Mendelssohn verzaubert, und Schubert besticht, und die herrlichen Klänge plätschern und füllen alles – den Saal, die Menschen, umarmen die Seele, lassen sie leiser singen, schweben, träumen. Der Meister entlockt den Klaviertasten Freude und Schmerz, lässt sie erzählen, einen berühren, die Realität und das Traumhafte inein-ander verschmelzen...

Die Zeit verfliegt unwirklch schnell, und es ist schon die Pause, und das Publikum strömt fliessend raus. Winken, lächeln, nicken. Kurze freundliche Sätze fallen lassen. Die Menschen sind wie Gefäße, randvoll mit kostbarer Freude des musikalischen Genußes gefüllt, und sie gleiten vorsichtig zu den Ausgängen – wahrscheinlich aus Angst, dass diese Fülle verschüttet werden könnte... Kein Tropfen soll verloren gehen, nur wenn man sie teilt, dann wird bekanntlich die Freude mehr...

Die letzten Minuten der Pause sind die schönsten. Wir haben unsere Getränke, und am Ende des Ganges ist es nicht so voll, und siehe da − es gibt sogar einen freien Stehtisch. Mein Blick fällt auf eine ältere Dame, die unweit von uns steht. Mittelgroß, weit über 70, sehr gepflegt, elegant gekleidet. Perfekter Haarschnitt, ein Härchen zu dem anderen; sehr heller Teint, glatte − und das in dem Alter! − sehr glatte Haut, feine Falten und Fältchen, hellblaue Augen, matter ziegelroter Lippenstift. Auffällig eine lange Kette mit dem riesigen Anhänger: eine interessant gearbeitete Raute aus − Lapislazuli? Topas? − sattes Kornblu-menblau, mittig platziert auf einem Perlmuttdiskus. Elegante Bluse, elegante Hose und − herrliche orthopädische Schuhe, passend zu der Hosenfarbe, und sogar sie sind elegant! Ich muss schmunzeln.

In ein paar Sekunden erfasse ich das gesamte

Bild, und es fällt mir schwer, wegzuschauen. Aber anstarren möchte ich die Dame auch nicht, und so lege ich kleine Pausen ein, genieße meinen Weißwein, das Kurzgespräch, aber hin und wieder muss ich flüchtige, sehr flüchtige Blicke in die Richtung der Dame werfen. Sie fesselt meine Aufmerksamkeit. Sie steht einfach da und wartet, sie wartet offensichtlich auf jemanden, aber ihr Gesichtsausdruck weist keine von diesen typschen ungeduldigen „Ich-Warte"-Zügen auf. Sie ist die personifizierte, konzentrierte Ruhe, ihre Blicke gleiten von, über und zu den da stehenden und vorbei gehenden Menschen, ihre Hände liegen ruhig auf der geschulterten Tasche. Faszinierend!

Da ertönt aber auch schon die dritte Glocke, und das Konzert geht weiter, und wieder weinen, lachen, schillern in allen Regenbogenfarben Klänge, Melo-dien, Töne.

Es war ein schöner Abend. Ein Rendezvouz mit Schubert und Mendelssohn, mit Levit und den Philarmonikern, mit Freude, Erinnerungen und Genuß. Und mit der eleganten alten Dame.

# Busfahrt

Eine Momentaufnahme in der Hitze des Braunschweiger Sommers

Es ist ein heißer Sommertag. Ich muss zur Arbeit. In der Institutsbibliothek erwarten mich eine Auswertung der Literaturbestellungen, Recherchen und Ausfindigmachen der wissenschaftlichen Texte.

Ich stehe an der Bushaltestelle und warte auf meinen Bus. Es ist heiß. Ich meide jegliche Bewegung und warte einfach auf den Bus. Die Sonne steht hoch im Zenit und knallt erbarmungslos auf die Erde. Auf die Stadt. Das heiße Flimmern der Luft schwebt über der Straße, und selbst das dünne ausgeblichene Blau des Himmels bietet kein bißchen Kühle.

Der Bus verspätet sich. Die durch Hitze ermatterte Menschen warten geduldig und ergeben auf das öffentliche Verkehrsmittel, das irgendwo in der Schmiedeesse der Stadt verschlungen worden ist.

In mir steigt langsam die Ungeduld hoch. Ich bin spät dran, und das Ausgeliefertsein dem Warten spannt meine Nerven und Geduld. Es passiert nichts. Es ist keine Handlung, kein Geschehen da. Die Zeit bleibt stehen, bis der Bus kommt.
Der Bus kommt nicht.

Für einen Bruchteil der Sekunde lasse ich den verrückten Gedanken zu, zu Fuß laufen zu wollen, aber im nächsten Augenblick legt die Hitze selbst den Gedanken daran lahm.

Ich warte.

Endlich ist er da. Der Bus ist da. Ich und alle anderen steigen ein, es ist ziemilch voll. Ich mag mich nicht hinsetzen, es gibt auch keinen Platz. Ich bleibe im vorderen Teil des Busses stehen, zusammen mit ein paar Menschen, die sich auch an den Halteschlaufen festhalten. Mich erreicht die Schweißwolke der hochgehobenen Männer-arme, und ich kaure mich innerlich zusammen, versuche, flach zu atmen, da es kein Entkommen gibt. Es gibt keinen Platz, ich muss da stehen bleiben und noch zwei Haltestellen überleben.

Um mich abzulenken, durchstreife ich mit den Augen die Vordersitze des Busses. Mein Blick fällt auf zwei Mädchen, vielleicht neun, vielleicht zehn Jahre alt, die kaum still sitzen können, sich die Köpfe stecken, tuscheln und prusten vor Lachen. Ich verfolge ihren Blick und sehe einen alten Mann, der gegenüber den Mädchen sitzt und sie anschaut. Schmächtige Figur, hellblaues Hemd und brauner Anzug - trotz des heißen Wetters. Er stützt sich mit beiden Händen auf den Gehstock und schaut die Mädchen an. Ein breites Lächeln strahlt auf seinem faltigen Gesicht, die durchdringende Bläue seiner Augen ist überraschend jung und bildet einen Kontrast zu dem vom Alter gezeichneten Gesicht.

Die lachlustigen Mädchen amüsieren sich offensichtlich über den alten Mann. Es ist bestimmt nichts Nettes, was sie sich gegenseitig ins Ohr tuscheln und immer wieder prusten und kichern vor Lachen. Der alte Mann schaut die beiden vergnügt an, und das breite Lächeln weicht ihm keine Sekunde aus dem Gesicht.

Gereiztheit steigt in mir hoch. Diese unerzogene

Gören, die sich offen über den Mann lustig machen. Und er sitzt da und lächelt, und seine durchdringendblaue Augen strahlen, und Lachfalten legen sich um die Augen und über das ganze Gesicht.

Ich muss nur noch eine Haltestelle schaffen. Die Zeit scheint stehen geblieben zu sein, und die Entfernung – unendlich. Es gibt kein Ende dieser Situation, kein Entkommen, ich bin gefangen im Bus, in heißer Umarmung der Hitze, verärgert durch die Gören. Der alte Mann tut mir leid. Ich bin genervt.

Vor mir steht eine junge Afrikanerin. Groß, schlank, geschmeidig und grazil wie ein Schilfrohr. Ein dünnes Sommerkleid schmiegt sich um ihren jungen Körper, sie hält sich fest und schaut in die Weite. Ihre Rasterzöpfe-Mähne bedeckt eine... Wollmütze. Gestrickt in farbenfrohen Reihen aus tiefem Rot, Grün und Gelb. Es ist so unglaublich angesichts der Hitze, dass ich meinen Augen nicht trauen mag.

Es ist einfach zu viel. Meine Nerven liegen blank.

Diese unerträgliche, verrückte Busfahrt wird niemals enden.

Plötzlich höre ich ein leises Singen. Ich schaue mich ungläubig um: das afrikanische Mädchen schaut weiterhin in die Weite und singt. Es ist so komisch, so schräg, dass ich es nicht glauben mag. Die ganze Situation ist so verrückt, dass ich... plötzlich lachen muss. Meine Laune schlägt um. Die ganze Nervigkeit und Gereiztheit ist wie weggewischt, ich lache, ich liebe die lachlustigen Mädchen und den alten Mann, die junge Afrikanerin und ihre Wollmütze, ihre klare, schöne Stimme.

Der Bus hält an, ich steige aus. Der Tag ist gerettet.

# Lokal(un)tipp
Ein Freitagabend ohne kulinarischen Erfolg

Freitag! Geschafft. Geschafft der letzte Arbeitstag, geschafft die ganze Woche bei über 30 Grad. Wochenende!

Der Artikel in der Braunschweiger Zeitung über einen Geheimtipp – Café „Kreuzgang", direkt in der City – klang verlockend. Eine kleine Oase der Ruhe, unter dem Schutz der kirchlichen Gemäuer, eine kleine grüne Insel in der zum Ofen gewordenen asphaltierten Stadt. Neugier und Lust auf einen kühlen Drink treibt uns dorthin. Und auch wenn die Zeit schon ziemlich knapp ist, entscheiden wir uns doch für einen kurzen Schlenker in das Schloss: die neue Brille ist fertig und will zu ihrem gesetzmäßigen Besitzer.

Die Arkaden sind wie eine große Flasche mit bunten Glasmurmeln: farbenfroh gekleidete Menschen schlendern durch die Gänge, fließen rein in die Geschäfte und raus, brummen, lachen, füllen fröhlich das Mammut mit leichter Geschäftigkeit. Im Vorbeigehen erfasst mein Blick kurz bewegliche Bilder einer Werbekonsole, und da erscheint gerade die Aufnahme von einem Slim-Shake, was an sich nichts Ungewöhnliches ist. Der Werbeslogan über dem mit einem Trinkhalm bestückten Becher verursacht allerdings bei mir Schnappatmung: „Schmeckt ungewöhnlich unscheisse". Das kann nicht sein. Ich habe mich bestimmt verlesen! Bei der nächsten Konsole bleibe ich stehen und warte, bis der Spruch wieder kommt, Handy in der Hand, damit der Moment auch fixiert werden kann. Und da kommt er, der schneeweiße Becher auf dem ins Auge stechenden Hintergrund im leuchtenden Magenta: „Schmeckt ungewöhn-lich...".". Ich kann es kaum glauben, zucke dennoch schnell das Handy und führe die Beweisauf-nahme durch.

Offensichtlich spricht mein Gesichtsausdruck Bände, denn ein Mann – Mitte/Ende vierzig, wacher Blick – bleibt stehen, schaut auf das Bild, dann schaut er mich an: „Das ist ja ein Unding, nicht wahr? Ich dachte zuerst, ich hätte mich verlesen!" Bitter, wirklich bitter, aber ich muss ihm bestätigen, dass er sich leider nicht verlesen hat, und wir verabschieden uns mit einem empörten, traurigen Kommentar zum Verfall der deutschen Sprache.

Eine etwas jüngere Apothekerin hat keine Meinung zum Produkt. Es sei nicht im Sortiment der Apotheke, und der Slogan sorgt für etwas Verwirrung, im Ergebnis – Kopfschütteln.

Wir müssen zum Optiker. Keine Schlange, schön, schön. Brille abholen und weiter, sonst wird nichts aus einem schönen musikalischen Abend im Kirchen-Café. Smalltalk mit dem Mitarbeiter, letzter Schliff, die Brille sitzt. Jetzt nur noch bezahlen.... Das Kartenlesergerät stürzt sich ins Nachdenken. Zweiter Versuch... nein. Okay, andere Karte. Wieder langes Nachdenken, und wieder nichts. Vorgang abbrechen, Filialleiter rufen, System reseten.

Die länger werdende stumme Schlange hinter uns füllt den Raum, vorwurfsvolle Blicke der Menschen brennen an unseren Rücken, genervtes Schweigen... unangenehm.

Endlich konnte man das Gerät reanimieren. Die Bezahlung klappt, und wir eilen zum Auto, und der Blick auf die Uhr verrät, dass wir zu spät sind. Bleibt nur die Hoffnung, dass das Einlass-Prozedere im Café nicht so streng sein wird.

Dem ist leider nicht so: nachdem ein Parkplatz und danach auch die Café-Eingangstür schnell gefunden worden sind, offenbart sich - durch den Türspalt erspäht − hinter der massiven Tür mit einem schönen Knauf das sich befindende Innere als ein geschlossener Raum, und das Konzert ist voll im Gange, und man mag nicht reinschleichen und das Ganze doch stören... ärgerlich. Bleibt nichts anderes übrig, als das Willkommens-Schild eindringlich zu inspizieren, aber mehr als die Öffnungszeiten (waren sie in der Zeitung nicht anders deklariert?) verrät auch dieses nicht.

Was tun mit der unerwarteten Zeitlücke? In die Stadt und etwas trinken oder auch eine Kleinigkeit essen. Der Weg führt an „Moolah" vorbei, und die Erin-nerung an die leckeren Tapas des Vorgängers „El Toro" besiegelt die Entscheidung: das ist unser Lokal für heute Abend. Es gibt freie Tische, und der Platz am Tisch an der kleinen „Brücke" ist auch noch frei.

Und auch der Kellner ist schnell bei uns, und als erstes legt er eine Übersicht der Wasserpfeifen-angebote auf den Tisch. Shisha-Bar? Der Blick in die Speisekarte, die ihre besseren Zeiten längst hinter sich gelassen hat, favorisiert schnell ein paar Tapas. Ach, und es gibt sogar einen Käseteller. Die Wahl ist getroffen, jetzt nur noch Getränke. Man kann so ziemlich alles haben – bis auf die Weine. Unter der Überschrift „Weiß-wein" steht ein lakonischer Hinweis, man möge doch nach dem Tageswein fragen. Ungewöhn-lich. Ich ahne nichts Gutes. Und da kommt die

Bestätigung: das Kapitelchen „Rotwein" weist spanischen Rioja als italienischen Wein aus. Der Kellner, der die Bestellung aufnimmt, lächelt und sagt, dass sei ein Fehler. Gut, kann passieren, ausschlaggebend ist letztendlich der gute edle Tropfen, der sich hinter dem Namen „Rioja" verbirgt.

Und da kommen schon die Getränke, und der Wein ist in einem auffällig gewöhnlichen kleinen Weinglas mit dicken Wänden. Das Glas kann man unmöglich einen Kelch nennen, und das Gefäß ist dem guten vollmundigen Rioja ganz und gar nicht gebürtig... Oh doch, leider, leider! Nach dem Schwenken des roten angeblichen Goldes führe ich das Glas zu mir... nein, olfaktorischer Genuss ist es nicht, der Wein riecht komisch, unangenehm, und der kleine Schluck bestätigt: es ist kein Wein, es ist alles andere als Wein. Weinessig vielleicht. Gut, auch das kann passieren, und so geben wir ein Zeichen einem anderen sich in der Nähe befindenden Kellner (es sind überhaupt sehr viele Kellner da, alles Männer, alle sehr – zu sehr lässig gekleidet, fast alle in Jeans, gelöchert, manche sogar dreckig, keine Gastroschürzen). Kurz erklärt, dass der

Wein höchstwahrscheinlich korkt und ob man nicht einen anderen bekommen kann, nein, nicht einen anderen Wein, es ist schon klar, dass das Haus nur über eine Sorte des Rotweins verfügt, steht ja auch in der Karte. Bitte Rioja, aber eben eine neue Flasche. Und der Kellner diskutiert weiter, und sein Argument, er selber trinke kein Wein – vermutlich wie so viele aus dem arabischen Kulturkreis - finde ich absolut deplatziert in diesem Kontext, es interessiert mich nicht. Ich bin am Ende meiner Geduld, ich habe das Gefühl, der junge bärtige Mann möchte mich nicht verstehen, und so erkundige ich mich höfflich, ob der Chef denn zu sprechen sei. Das hilft. Es kommt ein anderer Kellner, nicht der Chef, aber er bringt ein Glas Rotwein, stellt es mit einem Lächeln hin und bittet, ihn zu probieren. Der Wein riecht auch schon besser, und der genommene Schluck liefert zwar keine Geschmacksexplosion, trinken kann man den Wein trotzdem.

Der Kellner lächelt zufrieden und entfernt sich. Und wir nutzen die Zeit (warum dauert es eigentlich so lange?), indem wir die Gäste inspizieren (alles junge Leute, und fast alle shishern, Jungs im lässigen Outfit und Mädels mit Gelnägeln in Neonfarben, alle cool und hipp – wir sind offensichtlich falsch hier); der süßlicher Duft aromatisierter Tabaksorten liegt in der Luft. Ich beobachte, wie eine Taube geduldig den nah wachsenden Busch bearbeitet, pickt seine roten Beeren auf, rutscht an den dünnen Zweigen runter, flattert mit den Flügeln, zappelt, hält das Gleichgewicht, rutscht wieder – sie ist zu schwer für die zarten Zweige... Warum dauert es bitte so lange? Eine Dreiviertel-stunde für zwei einfache Tapas und einen Käseteller? Definitiv zu lange. Aber da kommen sie schon, und das Aussehen und der in die Nase steigende Duft entschädigt das lange Warten. Der Lachs ist zart, die rote Soße lecker. Der Käseteller ist üppig, irgendwie zu üppig, vier Sorten Käse ā vier Scheiben, einfach aneinandergereiht, mit etwas getrockne-tem Oregano, Oliven und Peperoni dekoriert. Schmeckt gut, allerdings nichts Ungewöhnliches. Und irgendwas sagt mir, dass dieses Gericht irgendwie gar nicht hier-hergehört. Ich fische ein kleines Stück Plastikfolie unter einer Käsescheibe raus. Ob man den Käse nicht schnell im benachbarten Supermarkt besorgt hat? Böser, böser Gedanke, aber gar nicht so abwegig. Und auch Tapas schmecken gut, aber irgendwie auch nur gewöhnlich, und das bestellte Brot war auch nicht dabei. Und so wollen wir nur noch zahlen und weg hier, so schnell kommen wir sicher nicht wieder, es ist zwar ein schöner Ort, aber nicht die Kellnerschaft, es ist kein gepflegtes Lokal mit gutem Essen und guten Weinen. Halt eine Shisha-Bar, kein Restaurant, auch wenn es an erster Stelle unter dem Lokalnamen steht.

Enttäuscht über den so vergeudeten Freitagabend, machen wir uns auf den Weg. Sofort kommt eine Idee, ob wir nicht auf dem Nach-Hause-Weg ins „Heinrich" einkehren und ein Glas gepflegten Wein trinken wollen. Und siehe da – auch hier gibt es einen freien Tisch. Der klebt zwar, aber wir sind uns sicher, dass jemand gleich vorbeikommt, den Tisch abwischt und die Bestellung aufnimmt. Die Terrasse ist voll, die Menschen essen, reden und lachen. Auch der Wirt kommt raus und schäkert mit dem Kunden am Tisch nebenan, acht Personen, offenbar eine Familie. Wir warten. Es kommt keiner. Es bringt keiner den ersehnten leckeren Wein. Und so verlassen wir nach einer Viertelstunde vergeblichen Wartens auch das „Heinrich". Enttäuschend. Ob es daran lag, dass wir offensichtlich kein Essen bestellt und dement-sprechend nicht den Ertrag gebracht hätten, wie die achtköpfige Familie? Wie auch immer: unser Lokal war heute auch das „Heinrich" nicht.

Abends fragte ich meine Tochter − Gymnasium, Leis-tungskurs Deutsch - nach ihrem Statement zum Werbeslogan. Interessiert liest sie es, zuckt mit den Schultern und lächelt. „Und?" fragte ich trium-phierend, voller Erwartung, dass auch sie sich aufregt, dann werden wir das (Un)Wort beim DUDEN für die Nominierung des Jahres vorschlagen. Aber es passiert was ganz anderes: „Komisch ist es schon, aber es ist ironisch gemeint, bewusst provokativ". Ich bin baff. Ob das Ganze doch nicht so schlimm ist?

# Leben in Braunschweig - Lokaltipp

Ein schöner Sonntagmittag im braunschweigischen Restaurant "Safran"

Die zufällig in der Mediathek entdeckte Folge der Sendung „Mein Lokal, dein Lokal", welche drei Braunschweigische Gastronomen unter die Lupe nahm, inspirierte uns zum Besuch des afghanischen Restaurants „Safran". Was gibt es Besseres, als ein leckeres Essen an einem schönen, sonnigen Sonntag-mittag? Richtig, ein leckeres Mittagessen zusammen mit Freunden. Und so kam es, dass wir uns an dem besagten Sonntag mit unseren Freunden vor den Türen des „Safrans" trafen.

Neugierig betraten wir das kleine, abseits gelegene Restaurant (gibt es eigentlich eine Deminutivform von dem Wort „Restaurant"? „Restaurantchen" vielleicht? Klingt komisch, auch als ein Neologismus, also eine Wort-Neuschöpfung, inspiriert durch das Russische, in dem gefühlt jedes Wort mindestens drei liebevolle Verkleinerungsformen aufweist... Das Wort „Restau-rantchen" wäre somit dem Bilde eines kleinen, gemütlichen Lokals gerecht, wäre aber dennoch etwas anderes - Niedlicheres – als das Wort „Lokal" es zu vermitteln vermag...). Jedenfalls betraten wir das „Safran" . Ein schneller prüfender Blick erfasst den Eingangsbereich, und siehe da – an der Wand hängt der Preis von „Mein Lokal, dein Lokal": ein „Teller" mit Besteck und Slogan „Wo schmeckt's am besten?". Und da kommt schon die Inhaberin Adiba, sie begrüßt uns mit dem herzlichen Lächeln, genauso wie in der Sendung, nur dass sie jetzt nicht im Fernsehen ist.

Sie führt uns zu dem reservierten Tisch, verteilt die Menükarten und fragt, ob wir schon wüssten, was wir trinken möchten. Nein, wir wissen es noch nicht, und so wird uns die nötige „Bedenkzeit" eingeräumt.

Wir blättern neugierig in der Speisekarte. Eigentlich genau das, was im TV zu sehen war: afghanische Gerichte, kurz erklärt, das Angebot vielfältig, dennoch übersichtlich, es gibt Menüs für 1, 2 und 4 Personen, und sowohl Veganer, Vegetarier als auch „Alles-Esser" kommen auf ihren Geschmack.

Die Entscheidung ist schnell gefallen, und da kommt schon auch Adiba wieder, und lächelnd und freundlich nimmt sie die Bestellung entgegen. Unsere Freunde entscheiden sich für das vegetarische Menü für 2 Personen – „Khasaan", mein Partner nimmt Aschack und Manty, und mir schwebt das vegeta-rische Menü „Bahar" für eine Person vor.

„Was möchten wir denn trinken?" möchte Adiba von uns wissen. Der Frage ging unsere kurze

Diskussion zuvor: ob es wohl einen Chai Latte afghanischer Art hier gebe? Ein schöner schwarzer Tee, in Milch gekocht, mit herrlichem, würzigem Duft einer Komposition aus Kardamom, Nelken, Zimt... Vielleicht etwas Anis oder Vanille und Honig dazu... Oder? Moment, es ist doch eine der indischen Varianten von Chai Latte... „Nein, Chai Latte bieten wir nicht an, die Zubereitung ist eine langwierige Angelegenheit, das können wir unseren Gästen nicht zumuten", holt uns Adiba auf den Boden der Tatsachen zurück. Aber es gibt den schwarzen Tee mit Kardamom, und unsere Freunde nehmen ihn, und wir entscheiden uns für eine Chardonnay-Schorle und eine Cola.

Bestellung aufgegeben, und jetzt beginnt die schönste Zeit: wir schauen uns um (das kleine „Restaurant-chen" ist wirklich gemütlich, ein paar Bilder mit afghanischen Landschaften und Architektur an der Wand, schöne dunkelbraune Tische mit Tischläufern, einige authentische Dekos...), und das Gespräch beginnt. Wir haben uns eine Weile nicht gesehen, und so plätschern aus uns (zuerst) die allgemeinen Fragen zur

Befindlichkeit („Was macht die Gesundheit?" –
„Angeschlagen wegen der Badrenovierung"), der
aktuellen Arbeitssituation („Viel zu tun", „Ein
neuer Dienstwagen zum Jahresende"), dem ver-
gangenen und bevorstehenden Urlaub („Zypern
war klasse... Das Essen im kleinen Café –
göttlich... Gerne wieder... Sehr empfehlenswert!
Auch das Linksfahren sollte kein großes Problem
sein – eine Sache der Umstellung..."). Und ja,
natürlich, die WM. „Habt ihr die Eröff-nungsfeier
gesehen?" möchte ich gerne wissen. Nein, nicht
„nur" das Entertainment von Robbie und Aida,
sondern auch das vorher ausgestrahlte Video: der
schwarz-weiße Fußball wird aus dem All auf die
Erde – Russland – geschleudert, der kleine
russische Junge Grigorij fängt den Ball auf und
führt ihn durch alle austragenden Städte in
Russland: Moskau, St. Petersburg, Sotschi, Niznij
Novgoros, Kazan... In der Kürze der Zeit eine
gelungene, wie ich finde, Darstellung der
großartigen Räume, Weite und Gestaltung. In
Moskau besticht das Bild des über Moskva-Fluss
herausragenden weißen Vorsprungs, darauf – ein
schwarzer Flügel, am Instrument – der Grammy-
Gewinner 2017 Daniil Trifonow, und die

Vogelperspektive auf die unten sich ausbreitenden Stadt ist großartig... Und die wunderbaren Klänge des Tschajkowsky's Ersten Klavierkonzerts. Da sind wir uns mit Sergej einig: keine andere Musik ist so majestätisch, so passend, so gut die Größe, die Bedeutung des Ereignisses wiedergebend wie diese. Und an diesem Tag ist noch alles offen, auch für Deutschland, es ist noch nichts entschieden, und die Fäden in den Händen von spinnenden Moiren scheinen eine große Länge gehabt zu haben...

Das Essen kommt. Alles schmeckt sehr frisch, sehr natürlich. Schmackhafte, mit Lauch oder Fleich gefüllte Teigtaschen – Mantu, Gemüse-Pakaura, im Kichererbsenmehl gebacken; Borani Aubergine und goldene Kartoffeln mit Spinat-Daal... Leichte Enttäuschung über - wie soll man es ausdrücken? Fadheit? - der Gerichte ist Sergej nicht zu übersehen und zu überhören.

Zu wenig Würze, nicht „orientalisch" genug. Viel-leicht ist es dem europäischen Geschmack angepasst? Oder bietet die afghanische Küche generell keine Geschmacksexplosionen an? Jedenfalls ist alles sehr lecker und sehr frisch, wie von

Mama gemacht... Ach, das ist ja alles von Adibas Mama zubereitet, und das schmeckt man. Und meinem Wunsch nach etwas Expressivität wird auf Nachfrage rasch entsprochen: die höllische Mischung des (Cayenne?) Pfeffers macht aus jedem meiner Gerichte ein Feuerwerk. Im wahrsten Sinne des Wortes!

Und so fließt die Zeit, der Tag schreitet voran, das leckere Essen, gemütliche Atmosphäre... Herrliche Gespräche über Kunst und Schaffen, den Sinn des Lebens und Freude... Die Zeit fliegt viel zu schnell!
Das leckere Dessert – der saftige Scharbati-Cake mit viel Pistazien, Espressi und Kaffee runden die schöne Mahlzeit ab. Adiba ist die Herzlichkeit in Person, ihr offenes Lächeln besticht, und ich kaufe es ihr ab: es ist ihr Naturell, es ist für die Gäste - es ist kein Fernseh-Team weit und breit. Schön! Hierher würde ich wiederkommen.

Die Rechnung ist bezahlbar, und auf dem Weg zur Eingangstür bleibe ich vor einem Bild stehen: es ist das berühmte Foto von einem afghanischen Mädchen mit dem eindringlichen Blick ihrer intensiven, smaragdgrünen Augen, ihr Blick fordert dich auf, stehen zu bleiben, zu schauen, zu zuhören, was diese Frau zu „sagen" hat...

Wir sind draußen.

Kurzes Gespräch über die Bilder, die Sergej vorhat zu malen. Darüber, wie fragil manchmal das (Kunst) Leben ist. Die Beteuerung, wir sollen uns so bald wie möglich wieder sehen.

Der Tag ist fort. Unsere Freunde auch.

Auf Wiedersehen, „Safran"!

# Entdeckung des Kartfahrens
Motorsport in der KartCity Braunschweig

Ich bin noch nie in meinem Leben Kart gefahren. Aber ich liebe hohe Geschwindigkeit und das Gefühl, Eins mit dem Fahrgefährt zu sein. Und so entschlossen wir uns spontan am letzten Dienstagabend, Kart zu fahren.

Unterwegs zur KartCity in Wenden bekomme ich schon eine Blitzanleitung in die Kunst des Kart-fahrens in den Farben: Gelb – Gefahr auf der Strecke, Blau – Überholen ermöglichen, Rot – das Rennen ist zu Ende, und Schwarz – hoffentlich nicht – Disquali-fizierung. Ich bin gespannt.

Neugierig begutachten wir die schöne Kartanlage. Es ist wenig los (gut, es ist auch ein Werktag in der Woche), die Eingangshalle wirkt einladend, das Personal ist freundlich und erklärt uns kurz den Ablauf: sich am PC anmelden, für die eigene Renncard in die Kamera lächeln, die erste Fahrt an der Kasse bezahlen, die Einweisung per Video absolvieren – und schon geht es in die Halle. Schnell sind die passenden Helme ausgesucht und Wertsachen abgegeben. Der junge Rennleiter weist uns ein und erklärt die Regeln. Soweit sogut. Zwei Fahrer vor uns absolvieren gerade ihre Runden, man kann die Anzahl der gefahrenen Laps und die Bestzeit über den großen Bildschirm verfolgen. Und da sind wir auch schon dran.

Die Spannung bei mir wächst. Ich höre aufmerksam zu, wie ein Kart funktioniert, kompliziert ist es nun wirklich nicht. Und da geht es schon zur Sache: ich steige in mein Kart ein, der Sitz ist wirklich eng („Ich muss dringend abnehmen! Und ich hätte lieber eine Sportleggings statt Jeans anziehen sollen!"), irgendwie passen auch meine Beine nicht so richtig rein, es ist unbequem. Eine

Mischung aus Skepsis und Neugier macht sich in mir breit, ich habe keine Ahnung, wie die Fahrstrecke ist und wie es sich mit nur ein paar Zentimetern über dem Boden verhält, nur wenige Kilometer Geschwindigkeit fühlen sich bestimmt doppelt und dreifach an. Aber viel Zeit zum Nachdenken habe ich nicht: Tim, der Rennleiter, startet den Motor. Ich trete das Gaspedal, und mein Rennauto setzt sich in Bewegung. Meinem Partner folgend, mache ich meine Erfahrung mit der ersten Runde, - Gott, ist das Lenkrad schwer! Die Abwe-senheit der Servo lässt grüßen, und ich merke Muskeln an den Stellen, von denen ich bis dato keine Ahnung hatte, dass sie überhaupt existieren! Das kann ja lustig werden!

Noch ein paar Meter, und da ist schon die nächste Kurve. Zwischendurch gebe ich Gas, der Motor heult kurz auf, - flott sind die Dinger schon! Aber ich habe nur eine leise Vorstellung, wie die Ideallinie ist, wo die perfekten Brems-punkte sind und wo ich am besten Vollgas geben soll. Die Lenkung verlangt mir die ganze Kraft ab, aber dafür liegt das Kart auch super in der Kurve, kein Wunder, ist ja auch flach wie ein Brett. Ich erinnere mich an die Tipps meines Partners („Wo ist er übrigens? Längst weg... Das war ja klar!"), wie man am besten in die Kurve geht, wie man sich im Bereich des Scheitels verhält...

Na ja, Formel 1-Tempo ist es nun wirklich nicht. Tap-fer setze ich meine Fahrt fort, und langsam bekomme ich eine Vorstellung von der Gesamtstrecke, und dann kann ich auch schon mehr Gas geben auf den Geraden, und mein Partner schießt paar Mal an mir vorbei („Wie kann er nur so schnell fahren?!"), und da leuchtet schon die rote Ampel auf – die Runde ist vorbei, und ich „marschiere" brav im Schritttempo in die Box – nur in die falsche Richtung... Geschafft, meine erste Kartrunde.

Gott, bin ich grottenschlecht! Der Bildschirm präsentiert unbarmherzig den zeitlichen Ausdruck meiner Unfähigkeit.

Mich packt der Ehrgeiz. Ob es denn auch andere

Karts gebe, mit breiteren Sitzen z.B., - möchte ich gerne wissen. Zu all den Unbekannten während meiner ersten Fahrt kam auch noch die unbequeme, schiefe Sitzhaltung dazu, und da kann man doch keine Leistung erbringen, noch nicht mal im Ansatz!

Tim führt uns zu den anderen Maschinen. Sie haben stärkere 9-PS-Motoren, keine langen Rücklehnen, und die Sitze sind tatsächlich etwas breiter. Gespannt steige ich ein, ja, doch, das fühlt sich wirklich besser an. Und ab geht die Post!

Diesmal ist es ganz anders. Ich kenne die Strecke ja schon und die Kurven, ich kann gerade sitzen, und der Unterschied von ganzen 2,5 PS macht sich auch bemerkbar.
Ich gebe Gas, und meine Nr. 10 folgt gehorsam jeder meiner Anweisungen.

Jetzt macht es Spaß, ich lache laut, ich merke, dass das Bremsen manchmal überflüssig ist, ich werde mutig, ja, jetzt ist es Adrenalin pur! Aus dem Augen-winkel registriere ich, dass mein

Partner mich einholt, und mich packt eine bissige Freude: diesmal möchte ich es ihm nicht so leicht machen, ich werde schneller und wagemutiger, und dann verliere ich ihn auch schon aus den Augen... Konzentriere mich auf die Fahrt selbst, probiere Varianten aus, und siehe da – die Kurven können auch schon schneller passiert werden, und ich merke die Stellen, wo ich richtig Gas geben kann, und ich gehe komplett im Rausch der Geschwindigkeit auf... und da knallt es! Mein Partner hat mich von hinten ange-ditscht. Erschrocken bleibe ich stehen, Tim rennt zu uns, ich drehe mich – soweit es geht – um zu sehen, ob alles in Ordnung ist...

„Weiter, fahr weiter!", tönt mir, gedämmt durch den Helm, entgegen. Ich drücke das Gaspedal. Später erfahre ich, dass es ein missglücktes Überholungs-manöver war, und dass es richtig war und ist, in solchen Fällen sofort die Fahrt fortzusetzen.

Die letzten Runden sind absolviert, diesmal hat es richtig Spaß gemacht, und der Bildschirm ist richtig gnädig zu mir und verkündet, dass einige Laps gar nicht so schlecht waren.

Ich habe Blut geleckt!

Es ist wirklich eine tolle Freizeitmöglichkeit.
Unser Entschluss steht fest: wir kommen wieder!

# Ein Nachmittag im „Strupait"

So schmeckt der Sommer

Es ist Sonntag Nachmittag; nach fast zweistün-diger, anstrengender Fahrt erreichen wir endlich Braun-schweig. Wir wollen nicht direkt nach Hause, und Lust auf einen Kaffee und ein Stück Kuchen führt uns in die Stadt. Welches Café? Unsere Wahl fällt schnell auf „Strupait" im Magniviertel, wir waren wirklich lange nicht da, und gute Erinnerungen an das wunderbare, reichhaltige Frühstücksbüfett, leckere Abend-essen, stillvolle Ambiente und den freundlich, aufgeschlossenen, humorvollen Besitzer besiegelt unsere Entscheidung.

Schnell Parkplatz gefunden, nach einem kleinen Gang erreichen wir das Café und steuern einen

Tisch im Freien an – das Wetter ist ja wunderschön. Einige Tische sind mit gestärkten, schneeweißen Tischdecken ausgelegt, mit schönen Blumenarrangements dekoriert und gedeckt, - alles deutet daraufhin, dass sich in Kürze eine Gesellschaft hier zur Kaffeetafel einfindet.

Kurzer Blick in die Getränkekarte, schneller Gang zu der Kuchenvitrine... Kuchen ist nichts für mich, und so nutze ich den Moment und blättere die Karte durch. Einen leichten Weißwein oder Rosé vielleicht? Mein Blick bleibt an einem gelben Muskatteller hängen. Der Name klingt verlockend, aber 8 Euro für ein Glas? Ganz schön teuer. Bestimmt ein edler Tropfen, doch für den Preis? Aber da katapultiert mich schon die Erinnerung in die Zeit meines Studiums in Russland zurück: in den Sommerferien gab es eine von allen Studenten heiß begehrte – da nur wenige Plätze verfügbar gewesen – Möglichkeit, als Fernreisezugbegleiter gutes Geld zu verdienen. Ein ganzer Zug – 14 bis 16 Waggons – wurde durch das Studententeam komplettiert; vorher galt es, die harten Auswahlkriterien und einen Lehrgang samt abschließender anspruchsvoller Prüfung zu bestehen sowie eine dreitägige

Probefahrt nach Moskau und zurück zu absolvieren. Unsere Strecke ging nach Süden, ans Schwarze Meer. Russland ist groß, und so ist es nicht verwunderlich, das eine Fahrt - nach Adler, einem Städtchen in der Nähe von Sotschi, und zurück – ein Woche dauerte...

Jedes mal, als wir nach drei Tagen in Adler ankamen, hieß es: Badesachen packen, Waggons abschließen, Proviant besorgen und – ab zum Meer! Endlich Pause, endlich raus aus den stickigen, überfüllten Waggons, endlich etwas Abkühlung, endlich keine Passagiere, endlich Freiheit! Wir, Mädels, organisierten das Essen – meist leckere, würzig schmeckende Grillhähnchen, die gleich hier, am Bahnhof, zu kaufen waren (damals war ich noch keine Vegetarierin), und die Jungs besorgten den Wein. Und dieses eine Mal war es ein wunderbar leichter, nussig schmeckender Muskat, fruchtig und frisch. Normalerweise ist Wein für die 18-jährigen nicht unbedingt die erste Wahl, aber mir hat dieser Muskat wunderbar geschmeckt, und es war ein herrlicher Abend am Meer, unsere Studententruppe, leises Rauschen der warmen Wellen mit ihren hellen schäumenden Kämmen, die sich von der Schwärze des Merreswassers absetzen... Tiefer, schwarzer Samt des umgekippten Himmelsbogens mit funkelnden Sternen, knisterndes Lagerfeuer am Strand und Gitarrenklänge... Solche Abende bleiben einem lebenlang im Gedächtnis.

Ja, der Muskat.

Ich schwelge paar Minuten in Erinnerungen, und natürlich bestelle ich den Wein, und mein Partner nimmt einen Cappuccino und ein Stück Schokotorte, ganz klassisch.
Wir genießen eine für Sonntag Nachmittag ungewühnliche Ruhe im Magniviertel. Man merkt, dass es Sommerferien sind. Die Stadt ist halbleer, und überall liegt eine Entspannung in der Luft, diese süße Leichtigkeit des Lebens, die Italiener „dolce vita" nennen.

Unsere Bestellung ist da, und ich bin gespannt, ob der Muskat genauso schmeckt wie der Wein aus meiner Erinnerung... Nein, leider nicht. Aber auch der ist lecker, wunderbar leicht, feinherb im

Geschmack, mit aromatischem Bouquet von frischer Traube.

Und da kommt schon die festliche Gesellschaft. Eine Frau – offensichtlich die Gefeierte – sticht ins Auge. Anfang/Mitte fünfzig, extravagant angezogen – schwarze Bluse, bestickt mit exotischen Blumen und Paradiesvögeln in allen denkbaren Farben, leichte Palazzo-Hose, knallrote Pumps, stylisches Hutgebilde auf dem Kopf, eher ein stilvolles, extravagantes Nichts aus ein paar Fäden und Federn... Kaum Schminke, aber das Korallenrot der Lippen lässt den Blick gefangen... Sehr, sehr interessante Frau. Ihr Verhalten und Fetzen der Gesprächsphrasen lässt darauf schließen, dass sie Geburtstag hat. Vielleicht waren alle ihre Begleiter – Männer und

Frauen – gerade im Museum, sie kamen ja auch aus der Richtung. Ihre Gesichter strahlen ruhige Freude aus.

Eine schöne Atmosphäre liegt in der Luft. Die Sonnenstrahlen sind nicht so erbarmungslos wie in der letzten Tagen, eine leichte Brise bringt Erfrischung. Gelegentlich trabt eine Straßenbahn um die Ecke, und selbst dieses Geräusch gehört irgendwie dazu und macht das Ganze noch gemütlicher.

Hin und wieder fällt das eine oder andere Wort, aber meistens genießen wir das erfüllte Schweigen, das leichte Nichts-Tun, den traumhaft entspannten Müßiggang, wir lassen die Seele baumeln, - eine Wohltat! Gaumengenuss rundet den Nachmittag ab.

Herrliche Sommerzeit!

# Zu Gast in Magdeburg

Ein tierisches Stadtintermezzo

Ein geschäftlicher Termin führt uns nach Magdeburg. Ich bin beim Gespräch nicht dabei, somit habe ich ca. zwei Stunden Zeit, um mir das Zentrum anzuschauen, ich war noch nie in Magdeburg.

Zunächst entscheide ich mich für einen Spaziergang auf der Elbe-Promenade. Es ist schön, wenige Fußgänger und Radfahrer unterwegs, viele farben-prächtige Blumeninseln auf dem schmalen Parkstreifen entlang des Ufers, duftende Rosen; gemütlich auf den Hühnerstangen der Brückenketten sitzende Schwalben; hin und wieder hinter den Wolken spähende Sonne taucht das Elbe-Gewässer in ein weiches Licht ein, markiert mit silbernen Strichen die Strömungen, streichelt den Blick und vermittelt in der Bewegung liegende Ruhe... Schön hier!

Der Weg führt mich weiter in die Stadtmitte. Die hohen Dom-Türme aus schwarzer Zuckerspitze im Blick haltend, passiere ich eine Brücke, vorbei an Allee-Center, an einem kleinen „Land-bäckerei"-Café („Hier werde ich auf dem Rückweg mein Käffchen trinken!") vorbei, quer durch den kleinen Park, der sich gemütlich an die große schützenden Wand einer Kirche schmiegt (viele, wirklich viele kleine Skulp-turen überall)...

Mein Blick registriert eine Bewegung, ein Tier, das über ausgedörrtes Gras hüpft, - ein Hase. Ein Hase?! Mitten in der Stadt? Es ist so unwirklich, so komisch, dass ich stehen bleibe, mein Handy zucke („Das gehört doch für den Moment verewigt!") und, als ich den Kopf wieder hebe, ist die Erscheinung weg. Und es ist eigentlich so logisch, dass ich zweifele, das Langohr gesehen zu haben, dennoch beschleunige ich meinen Schritt um die Wiese herum, da die Fläche dahinter dem Blick verborgen blieb... Kein Hase weit und breit, wie es sich in der Stadt auch gehört. Trotdem suche ich mit meinen Augen bepflasterten, auf der linken Seite mit einer Steinmauer umran-deten Platz ab, und siehe da – da sitzt er, dann hoppelt er weiter, dann setzt er sich wieder hin, richtet sich auf den langen Hinterläufen in die Höhe... Kein Zweifel: es ist ein Hase!

Ich drehe mich um und suche das Kamerateam, das womöglich irgendwo sich versteckt hält. Nein, da ist auch kein Kamerateam zu sehen, nur eine Frau im pinkfarbenden Jogginganzug nimmt ihren Lauf Richtung Hase auf. Sie muss ihn doch gesehen haben?! Oder „kennt" sie ihn, vielleicht ist er so eine Art „Stadtattraktion"?

Die Frau joggt unbeirrt weiter, der Hase beschliesst, davon zu hoppeln, und ich muss laut lachen ob der Skurrilität der Situation.

Der Blick auf die Uhr verrät, dass ich mich etwas beeilen soll. Ich biege um die Ecke; ein steinerner schwarzer Jaguar schleicht sich entlang des Baum-tellers; vorbei an der nächsten Skulptur – „Denkmal der Puppen"-Baum, interessant. Noch paar Meter, und ich sehe schon das Seitenschiff des Doms. Der Vorplatz ist abgeriegelt, es sind Gerüste zu erkennen, dort herrscht fröhliche Geschäftlichkeit, begleitet durch kurze Gesprächssequenzen und Klirren der Eisenstangen.

Zahlreiche Plakate entlang der Ab-sperrung bringen Erklärung: es war Theater-Open Air, das Event ist zu Ende und die Bühnen werden abgebaut. Ich muss schmunzeln und an das im August bevorstehende Burgplatz-Open Air des Braun-schweiger Staatstheaters denken, es wird endlich wieder eine Oper aufgeführt – „Carmen" von Georges Bizet, und zwei Tickets liegen schon zu Hause und warten auf ihre Sternstunde, und Vorfreude auf die herrliche Musik und traum-haftes Ambiente, Spannung auf die drama-turgische Umsetzung der Handlung steigen in mir auf.

Und da ist er, der Dom. Er ragt in die Höhe, be-herrscht den Domplatz, - majestätisch! Ich folge den wenigen Besuchern und passiere die Seitenein-gangstür. Langsam durchstreite ich das luftige Innere des Kolosses, betrachte die beeindruckende „Paradies-Orgel", großes Kruzifix, zahlreiche Skulpturen und wunder-schöne Alebasterkanzel; einige wenigen Inschrif-ten und Infotafeln („Wäre doch schön, zum angekündigten Orgel-Konzert am kommenden Sonntag hierher zu kommen...") schenken meinem durchstreifenden Blick ein paar Informationen. Ich setze mich in die letzte Reihe hin und genieße Augenblick der Stille, die Einkehr, die einzigartige Atmosphäre, die nur in solchen sakralen Bauten herrscht. Die strohgeflochtene Stühle sind einfach, es lässt sich auf ihnen gut sitzen; ein kaum wahrnehm-barer Heuduft steigt in die Nase, sorgt für die wollige Wärme ums Herz, verleiht den steinernen Wänden und dem Boden ungewöhnliche Zerbrechlichkeit und Lebendigkeit. Draußen so grelle Sonnenstrahlen strömen durch die Altarfenster, werfen Fensterkonturen an die Wand, werden durch Brechung sanfter und ruhiger, fluten das Dominnere mit weichem, gedämpften Licht. Durch die hinteren Seitenfester erblicke ich das Blattgrün der jungen Bäumchen, die sich so zutraulich an das Fensterglas anschmiegen, und das steht für das Leben, vermittelt Ruhe und Sicherheit, macht den Gigant fast schon gemütlich und füllt mein Herz mit stiller Freude.

Bevor ich den Dom verlasse, kaufe ich eine schöne Ansichtskarte – die kriegt meine Tochter. Und ein Magnet im unterwegs entdeckten

Souvenirshop ist für meine Mutter gedacht, ihre Wände zu Hause schmücken magnetische Ansichten aus aller Welt... Und Magdeburg kommt auch hinzu.

Kurzer Stopp bei dem besagten Bäckerei-Café, ein Latte Macchiato wird geschlürft und das schöne Panorama der umliegenden, zur Elbe hinunterlaufenden Hügel genossen.

Ich bin rechtzeitig am vereinbarten Treffpunkt, und so kann ich auf der Wiese vor der Johannis-Kirche noch die Sonne auskosten, das Ganze im Kopf Revue passieren lassen und über den Magdeburger Hase schmunzeln. Ich würde gerne wieder hierherkommen wollen!

# Der Maler am Strand

Geschichtenmatrjoschka

Es ist heiß in Deutschland. Und in Europa.

Die Wettervorhersage(n) am Anfang – wie sollte man es am besten nennen? Hitzeperiode? – klangen ungefähr so: „Auch morgen erwartet uns der blaue Himmel, Sonne satt, kein Regen, genießen Sie den Sommer!". Mittlerweile mischt sich der besorgte Tenor bei: „Auch morgen – keine Besserung (sprich: Abkühlung) in Sicht, unerträglich, diese Hitze...". Ja, so sind wir, die Menschen. Launisch und unbeständig. Oft das haben wollend, was nicht da ist, nicht zur Verfügung steht. Auch in der Sache „Wetter" ist der buddhistische mittlere Weg, die goldene Mitte, offensichtlich gut und erwünscht. Schade nur, dass die Wettergötter nichts davon wissen.

Und es ist weiterhin heiß in Braunschweig.

Das große verschraubte Glas auf der Fensterbank meines Badezimmers, randvoll gefüllt mit schwarzen und weißen Steinen, glatt gelegten von Wogen des Mittelmeers und der Zeit, erinnert mich jeden Morgen an die letzjährige Urlaubswoche auf Zypern. Relativ schnell haben wir einen wunderschönen, kleinen Strand abseits des Touristentummels und überfüllten Gouverment's Beach entdeckt. In einer schnuckeligen malerischen Bucht gelegen, von weißen riesigen Kreideklippen umrandet, bot der Palm Beach Platz für ungefähr 50 sonne- und meereshungrigen Menschen. Das warme, wie frisch gemolkene Milch, Mittelmeer, klar und sauber, umarmte sanft jeden, umschloss jeden erhitzten Körper mit leichter Kühle, und jeder schloss Frieden mit zartem Giganten, und Ruhe, stille Freude und mollige Enstpannung beherrschten das Bild.

„Neben uns hat sich, unter dem benachbarten Sonnenschirm, eine griechische Familie auf den Liegen niedergelassen. Die Tochter spielt mit ihrem Handy, wie es offenbar auch für einen griechischen Teenager üblich ist. Die Mutter genießt die Mit-tagssonne mit einem ausgiebigen Sonnenbad, und der Vater lässt sich auf seinem mitgebrachten Klappstuhl nieder, wie man ihn von Anglern kennt, wenn sie auf den großen Fang warten. In der linken Hand hält er ein Skizzenbuch und in der Rechten einen Kugelschreiber. Das Buch querhaltend, schaut er immer wieder aufs Meer hinaus und zur Sandsteinklippe zu unserer Rechten, die wie der Bug einer alten römischen Kriegsgaleere in das Mittelmeer hinausragt. Immer wieder schweift sein Blick über den Rand seiner Lesebrille, die sich an seine Nasenspitze klammert und unter seinem weißen Schlapphut, der sein schwarzes Haar bedeckt, hinaus auf die Wogen der Wellen, die sich am Bug der römischen Galeere brechen. Nach einem kurzen Verweilen, in dem er das sich darstellende Bild zu genießen scheint, senkt sich sein Blick auf die Seite des Skizzenbuches, und der Stift in seiner Hand bannt die beeindruckende Atmosphäre der Klippen und die Hitze der Mittagssonne aufs Papier.

Der orangene Sonnenschirm, unter dem er sich mit seiner Familie niedergelassen hat, bietet ihm ange-nehmen Schutz vor der brütenden Mittagshitze. Seine blaue Hose und sein blauweiß gestreiftes T-Shirt lassen ihn fast mit dem blauen Stuhl verschmelzen.

Seine Blicke, die immer und immer wieder zwischen dem Brillenrand und der Hutkrempe über die Klippen streichen, wirkten zunächst etwas verschämt. Als ob er seine Umgebung beobachtete und nicht wollte, dass jemand sieht, wie er die Schönheit des Moments in seinem Skizzenbuch einfängt. Mit der Zeit musste ich jedoch feststellen, dass es kein verschämter Blick ist, mit der er seine Umgebung mustert, sondern das kreative Auge eines Künstlers, der die Atmosphäre der Klippen, des Strandes und die Ruhe der Menschen um sich herum aufsaugt und in seinem Skizzenbuch auffängt.

Ganz in sein Werk vertieft, nimmt er das Geschehen um ihn herum nicht mehr wahr. Diese entspannte Ruhe, die etwas von einer Meditation ausstrahlte, breitete sich wie eine

Welle um ihn aus. Sie umspült mich wie das Wasser des Mittelmeeres, das sich wieder und wieder über meine Füße im Strandsand ergießt.

Ich werde neugierig und stelle mir die Frage: Wird es eine Skizze bleiben, oder ist es nur der Anfang eines großen Werkes in Öl, Aquarell oder Acryl? Wird der Maler seine Impressionen auf eine Leinwand bannen?
Der Maler schlägt sein Skizzenbuch zu und packt es zusammen mit dem Stift in eine Tasche. Nach einem kurzen Gespräch mit seiner Frau und seiner Tochter verlassen sie den Strand. Der Stuhl, der ihm als bequeme Sitzgelegenheit gedient hatte, blieb stehen, einsam und perfekt auf das Motiv am Strand ausgerichtet. Er erweckte den Eindruck, als würde er sehnsüchtig auf seinen Meister warten und gleichzeitig das Lager der Familie beschützen."

Gestreifte Sandklippen links und rechts vom Strand wecken meine Neugier. Rechtsrum geht es zum Großstrand, und der interessiert mich wenig; so mache ich mich auf den Weg, die Welt hinter der langen felsigen Klippenzunge auf der linken Seite zu entdecken. In bodenlosen Gewässern fühle ich mich unwohl (ein stürmischer Abend am Schwarzen Meer, als meine Unerfahrenheit, gepaart mit jugendlichem Leicht-sinn, mich beihnahe das Leben kostete, hat tiefe Spuren hinterlassen), und so schwimme ich der Uferlinie entlang, bis ich mich gezwungen sehe, die Klippenzunge umranden zu müssen. Die am Klippenrand brechende Wellen verursachen saugende Geräusche, ich kann nicht erkennen, wie tief das Meer hier ist. Meine blühende Fantasie liefert mir sofort und bereitwillig phantasmagorische Bilder von Meeresungeheuern und Monstern und trägt keineswegs der Beruhigung bei.

Mich an der Klippenwand stützend, taste ich mich langsam voran entlang der Felsenzunge, die relativ flach ins Meer ragt, dennoch mir unmöglich macht, drauf zu klettern. Aber es ist mir doch unheimlich, und der Kontrast der laut schmatzenden Wellen, multipliziert durch das Echo der unsichtbaren Weiten und Tiefen ansonsten so unschuldig im fröhlichen Sonnenlicht glänzenden Meeres, bewegt mich dazu, den

Sprung ins Wasser zu wagen. Ich stoße mich an der Wand ab und schwimme ins Meer Richtung Zungenspitze. Ich weiß nicht, was mich dort erwartet, aber es ist zu spät umzukehren, und ich möchte doch wissen, was sich dahinter verbirgt.

Die Klippenspitze ist überraschend schmal, und so öffnet sich meinem Blick eine sehr kleine, wunder-schöne weiße Bucht, und breite, flache Unterwasser-steine führen ans Ufer, bieten Halt und Sicherheit. Ich lächele erleichtert, fasziniert von der Schönheit dieses winzigen Fleckchens der Erde, der mythischen Insel, wo die Götter heimisch waren und Meer, Erde und Aether sagenumwoben sind.

Am leicht abfallenden Hang angekommen, seufze ich vor Wonne, lasse mich am glatten, sonnen-durchwärmten Uferelfenbein, wie auf dem Königsbett der Götter, nieder. So müsste damals die himmlische Aphrodite sich der Wonne hingegeben haben, ihren göttlichen Körper von zarten Sohnenstrahlen gestreichelt, die schönen Beine durch anlaufende plätschernde Wellen geküsst lassen haben.

Ich verliere mich in der Zeit. Sie existiert einfach nicht mehr, es bleibt alles stehen – der Moment, das leise atmende Meer, raschelnde Wellen, die die märchen-hafte Bucht und meine Beine liebkosen, mit vielen schwarzen und weißen Steinen und Steinchen spielen, sie auf dem glattgeleckten Uferbett hin und her wälzen und zum Murmeln bringen; leichte Brise, die mich umgarnt und belebende Frische spendet. Ich verschmelze mit Allem, Alles ist Eins, und ich bin ein Atom im herrlichen Ganzen, ein Sandkorn auf dem Strand des Universums.

Zurück am Strand, beobachte ich, wie mein Partner unter dem Sonnenschirm sitzt und etwas in sein kleines Notizbuch schreibt. Ich sehe den Maler nicht, der vorhin mit seiner Familie da saß und sein Marinebild malte.

„Nach ca. einer Stunde kehrte der Herr des blauen Stuhls mit seinem Gefolge an den Ort der

Muße zurück. Er begutachtete sein Motiv in der Ferne und ließ sich in den auf ihn wartenden Stuhl gleiten. Erneut versinkt das Blau seines Outfits im Blau des Stuhls. Langsam und mit einer gewissen Anmut entnimmt der Künstler seinem Rucksack das Skizzenbuch, eine Palette Aquarellfarben, eine Foto-Dose, in die er etwas Mineralwasser füllt und einen kleinen Pinsel. Bedächtig beobachtet er erneut sein Motiv, taucht den Pinsel in das Wasser der Foto-Dose, wählt einen Grünton aus und koloriert die Bäume und Sträucher seiner Skizze. Langsam und mit der gleichen, bedächtigen Ruhe, wie er bereits die Skizze angefertigt hatte, erweckt er das Kunstwerk in seinem Buch zum Leben. Ein faszinierendes Bild entsteht, in dem die Atmosphäre des Moments, des Nachmittags für ewig eingefangen wird.

Ich bin fasziniert. Nicht nur von dem entstandenen Kunstwerk, sondern ebenfalls von diesem Künstler, diesem Menschen, der mit seiner Malerei eine Ent-spannung ausstrahlt, die sich wie eine Decke auf die Menschen niederzulegen scheint, die ihn bei seiner Tätigkeit, seiner Kunst des Entspannens, beo-bachten."

Und schwarz-weiße Steine, am Strand und in der Aphroditen-Bucht gesammelt, erinnern mich heute noch an die unbeschreiblich wunderschöne Entdeckungsreise, an den salzigen, sonnendurchtränkten Duft der Meeresluft, an die lebensbejaende Kraft der zyprianischen Sonne, an die wohlige Wärme der raschelnden Wellen, an ihr zärtliches Flüstern und Kühle spendende Frische.

An den Maler am Strand.

# Jazz an der Oker

Begegnung mit der Schönheit

Kennen Sie das Gefühl am Sonntag Morgen, wenn man keine Pläne hat? Aufstehen, wann einem danach ist. Frühstücken so lange, wie man möchte. Und bedächtiglangsam – und nur wenn man dazu Lust hat – darüber reden, was man heute so machen möchte? Alles und nichts, zum Beispiel? Herrlich, wirklich herrlich, in den Tag hineinzugleiten, alles können, nichts müssen.

Und auch wenn es mir in so einem Moment einfällt, dass heute, am ersten August-Sonntag, wieder Jazz an der Oker ist, wieder spielt die „Saratoga Seven" für den guten Zweck, unterdrücke ich den ersten Impuls, sofort aufspringen zu wollen (immerhin verraten die Küchenuhrzeiger, dass es schon angefangen hat). Nein, ganz ruhig, keine Hecktik. Sich fertig machen, die alte Picknickdecke mitnehmen, - alles kostet nicht so viel Zeit, und das Event wird doch nicht gleich vorbei sein, auch wenn wir erst eine Stunde später ankommen.

Und siehe da: der perfekte Parkplatz gleich gefunden, und auf dem kurzen Fußweg zum „Steigenberger" Hotel erreichen uns schon die fröhlichen Dixieland-Klänge. Wunderschön!

Die Terrase vom Hotel ist voll. Gut, nichts anderes erwartet. Wir kaufen Getränke im nebenan aufge-stellten Zelt und versuchen unser Glück am gegenüberliegenden Okerufer. Auch hier ist alles voll, aber da winkt uns ein freies Plätzchen im Schatten einer großen Kastanie. Eine ältere Frau sitzt direkt auf dem Rasen, keine Decke, kein Stuhl, nichts dergleichen. Wir nicken zur Begrüßung, hauchen einen lautloses „Guten Morgen", sie erwiedert unseren Gruß mit einem verständnisvollen Lächeln. Wunderbar. Wir sehen zwar die Band kaum durch die von der Hitze verrosteten Kastanienblätter, aber Musik ist gut zu hören, die Oker bietet einen schönen

Anblick, gut gelaunte, in Takt der Musik Beine wippende Menschen und der herrliche Mittag eines Sonntages, der nicht mehr so heiß ist, - alles entschädigt großzügig die fehlende Sicht.

Mein flüchtiger Blick erfasst Menschen, die überall auf den Picknickdecken, in den Campingstühlen sitzen, leise reden, lächeln, sichtbar die schöne Musik und Atmosphäre genießen. Die ältere Frau nebenan kann kaum still sitzen. Mit den Armen ihre Knie um- schlungen, bewegt sie ständig ihre schmalen Füße im Takt der Jazzklänge, ihr Gesicht erhellt ein breites Lächeln, ihre Augen glänzen, ihr Blick ist sanft, dennoch zugleich energisch. Sie gehört zu den Menschen, die auf den ersten Blick nichts Besonderes zu sein scheinen, dennoch, je länger man sie ansieht, umso interessanter, anziehender wirken sie. Sie ist äußerst interessant. Schlank, sehr schlank, dennoch weiblich, braun gebräunt, in einem in fröhlichen Farben gestreiften Leinenkleid; ihre schlanken, mit eleganten Veloursleder-Sandaletten in schönem Ziegelrot beschuhte Füße bleiben ständig in Be-wegung; kleine goldene Uhr mit einem zum Gesamtlook passenden schmalen roten Lederarmband am schlanken Handgelenk; Perlmutt der runden, flachen Ohrringe, schwere, mehrreihige Perlen-kette. Daneben liegt ihr Lederrucksack, mittel-groß, rundkantig, in einem leuchtenden Orange einer überreifen Sharon-frucht. So eine 70-80-jährige Flower-Power-Mädchen, Hippie-Lady, noch voller Energie und Lebenskraft.

Ihr Gesicht kann ich nur im Profil sehen. Ich registriere ausgeprägte, etwas zu breite Wangen-knochen, noch verwunderlich dunkle, schöne Linie der Augenbrauen; mutiges für das Alter, lebens-bejahendes Zinnoberrot des Lippenstiftes; erstaunlich volle, noch sinnliche Lippen, zu einem beweglichen Lächeln geformt (wen haben sie in ihrer Jugend leidenschaftlich geküsst? Und

wer ist heute der Glückliche?). Und diese Beine, schlanke, schöne Beine, leicht muskulös und beweglich, bedeckt mit schöner, gleichmäßiger Bräune, sie fesseln mich. Wie kann man (frau) in dem Alter solch unverschämt schöne, ja makellose Beine haben? Keine Äderchen, keine Zellulitis, kein Fett; lang, glatt, schlank, wie die Beine einer temperamentvollen Araber-Stute. Die Frau könnte einen Mini-Rock tragen! Sie war bestimmt Tänzerin, und bestimmt tanzt sie immer noch, leidenschaftlich.

Das einzige Manko: die Zehnägel hätten lackiert werden sollen. In so einem schönen, tiefen Rot. Aber das ist unwesentlich.


Wir genießen die Zeit, wunderschönen Jazz, den Anblick lächelnder, gut gelaunter Menschen, leichte Brise, sanfte Sonne, die ganze sommerlich-entspannte Atmosphäre um uns herum. Freude steigt in mir auf. Wie perlige Bläschen in einem Glas Sekt, strömt sie nach oben, füllt mich ganz, dringt in jede Zelle hinein, berührt mein Herz, lässt es leise singen – in Unison mit der ganzen Welt.


Was für ein herrlicher Sonntag!

# Freude

Begegnung in Bad Wildungen

Der Tag ist jung, und die noch verschlafene Februar-sonne lädt zu einem Gang durch den Wald ein, zum Bewegen, zum Laufen, zum Spazieren. Es sind zwei Stunden Freiheit, bevor der vollgetakteter Reha-Tag beginnt. Und so nehme ich den gewohnten Kurs Richtung Wald auf, um den Homberg herum; die Luft ist frisch und kalt, wie ein Schluck Wasser einer Bergquelle, es duftet nach Laub, hin und wieder morschem Holz; Schneekristallen, die hier und da gefallene Äste, Blätter und Gras entlag des Weges bedecken. Die sanften Strahlen der frierenden Februar-Sonne fallen schräg auf und durch die Tannen, die schweigend da stehen, eingehüllt in den leichten Nebel des Morgendösens; zart schimmernd, verfangen sie sich in den Tautropfen, die perlenartig Fäden der Spinnweben schmücken, funkeln, wenn leichter Wind die so beschwerten Spinnwebenstickereien zum Zittern bringt.

Freude steigt in mir auf. Ich genieße die Kälte, die Bewegung, die Stille.

Um die Ecke kommt mir eine Frau mit zwei Hunden entgegen. Einer ist angeleint, und der andere läuft frei herum. Jung, mittelgroß, kurzes Haar, wohl ein Promenadenmischling, voller Energie und Bewe-gungsdrang. Kaum hatte er mich erblickt, stürmte er auf mich zu und sprang mich immer wieder an, lachend, tanzend, die Freude des „Wiedersehens" pletscherte bei ihm über den Rand.

„Ist es Ihr Hund?" fragte mich die Frau leicht genervt. Als ich die Frage verneinte, wurde sie noch nervöser.
„Der ist mir zugelaufen, bereits in Rheinhards-hausen, seitdem läuft er mir nach, ich kriege ihn nicht los!"

Ich schaute mich unwillkürlich um, als ob ich just in diesem Moment das Herrchen oder das Frauchen des Hundes entdecken könnte.

„Nehmen Sie ihn mit! Hier, nehmen Sie paar Leckerlies, und nehmen Sie den Hund mit!"
Ganz baff und überrascht über diese Wende, konnte ich nur ein schwaches: „Was soll ich damit?" entgegenbringen.

„Doch, doch, nehmen Sie ihn mit, und vielleicht läuft er doch nach Hause!"

Mit diesen energischen Worten drückte die Frau mir paar Leckerlies, die ich hörig nahm, in die Hand, und kaum konnte ich realisieren, was passiert ist, verschwand sie mit ihrem eigenen Hund hinter der nächsten Windung.

„Mein" Hund – ich nenen ihn mal Toto – freute sich weiterhin, mich zu sehen. Er sprang mich immer wieder an, und irgendwann musste ich es unter-brechen. „Aus!", rief ich. „Aus! Sitz!"

Toto hat sich brav hingesetzt und bekam dafür sofor eine Belohnung – das Leckerlie. Etwas erleichtert darüber, dass er offensichtlich gut erzogen und doch etwas zu bändigen war, habe ich ein Gespräch mit ihm angefangen. „Wo ist dein Zuhause?", wollte ich wissen. „Geh nach Hause! Lauf! Nach Hause!"

Toto schaute mich nur etwas pikiert an, als ob er fragen wollte: „Was kümmert dich das denn bitte? Es ist soooo schön hier!"

Ja, es war wirklich schön hier, im Wald, mitten im Vogelgezwitscher, mitten im Licht, beginnenden Frühlings und Freude. Ja, es war die pure Freude, und Toto gab sich ihr mit seinem ganzen Wesen hin. Er lief nach vorn und zurück, er sprang zur Seite und verschwand mal im Wald, mal kam er wieder zurück und freute sich, mich wieder zu sehen. Sein Gesicht strahlte. Es war so komisch, so ergreifend, seine Freude – so ansteckend, dass ich selbst lachen musste. Mein Blick klebte an diesem Energiebündel, der hin und her hüpfte, als ob er Feder in seinen Beinen hätte.

Gut und schön, aber langsam stiegen in mir Gedanken der Vernunft auf: wohin mit dem Hund? Was passiert, wenn er mir den ganzen Weg folgen würde? Ich fing an, mir den „Rettungsplan" zurecht zu legen. Schritt für Schritt überlegte ich, an wen ich mich wenden, wen ich alle einschalten würde und was ich alles unternehmen könnte, damit Toto wieder nach Hause kam.

Ihn kümmerte meine Sorgen herzlich wenig. Aufge-regt und ergriffen durch die mächtigen

Kräfte der Lebensfreude, voller Erwartung die Nase in jeden Hügel, jeden Laubhaufen steckend, zitternd den ganzen Flut der Frühlingsdüfte aufnehmend, lief Toto mal den Hang hinunter, mal kam er hoch, um sich zu vergewissern, dass ich immer noch da bin. Dann verschwand er, und ich konnte im Tal die Häuser von Rheinhardshausen erkennen. „Er ist nach Hause gelaufen", dachte ich, erleichternd darüber, dass Problem gelöst war. Schmunzelnd über diese Begegnung, lief ich weiter und musste nicht schlecht staunen, als Toto plötzlich von der Seite mir über den Weg schoss.

„Mache ich das gut?", strahlte sein Gesicht. Auch wenn ich etwas verärgert war, konnte ich mir das Lächeln trotzdem nicht verkneifen, so unmittelbar, so ehrlich war seine Freude.

Es ging die ganze Weile so. Irgendwann habe ich meine Rettungspläne, Gedanken und Überlegungen sein lassen, und genoss den Wald, den komplexen, vielschichtigen Duft des Frühlings: fast schon aufdringlichen, schweren Geruch der feuchten Erde, zartes Aroma des jungen Grüns, intensiven, herben Geschmack der frisch gesägten Bäume. Toto teilte offensichtlich meine Einstellung, er lief unermüdlich hin und her, sprang über liegende Äste; die Nase ganz oft dicht am Boden, las er, vor Aufregung zitternd, das durchdringliche,mehzeilige, vielseitige und mehrschichtige Nachrichtenbuch des Waldes. Er war personifizierte Freude, er war Inbegriff der Freude.

„Vielleicht wird er von alleine auf die Idee kommen und nach Hause laufen", dachte ich und spürte, wie die Ruhe in mein Gedankenchaos eintraf.

Als ob Toto es empfangen hätte: er blieb kurz stehen, im Wechsel schaute mal mich fragend an, mal in das Tal, wo sich die Häuser des Rheinhardshausen sich einander reihten. „Meinst

du, ich soll nach Hause laufen?", fragte sein Blick. „Ja, ja, du sollst nach Hause laufen!", bestätigte ich. „Nach Hause! Nach Hause!"
Als ob er nur darauf gewartet hätte, nickte Toto energisch mit dem Kopf und verschwand endgültig im Wald.

Ich schmunzelte und setzte meinen Weg fort, noch nicht glaubend, dass der quirliche Hund womöglich nicht gleich wieder mal um die Ecke schiesst. Aber die Zeit verging, und Toto war nicht da. Zurück in meinem Herzen blieb Freude über diese wunderschöne Begegnung.

## Bodymovements:
## "Möge Kraft mit mir sein!"
Trainingserlebnis in Braunschweig

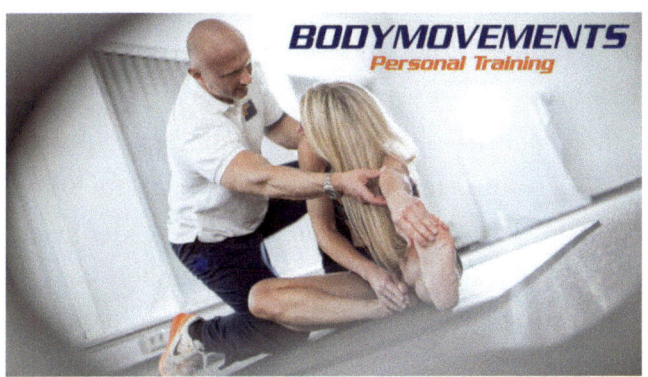

Krankheitsbedingte lange Bewegungsarmut „bescherte" mich reichlich mit dem Hüftgold, dessen Wert nun wirklich mehr als zweifelhaft ist. Begleitet von einem starken Gefühl, eingerostet zu sein. Keine Kondition, keine Kraft; an die früheren kilometerlangen Märsche im Harz war erst gar nicht zu denken. Gefühlt nur latent vorhandene Muskeln, dafür - Scharen von Heinzelmännchen, die deine Kleidungsstücke jede Nacht enger schneidern. Es muss etwas geschehen.

Was tun? „Ganz einfach: Sport und eiserne Diät", meldete die Vernunft. Aber der eigene (nicht angekettete, sondern freigelassene, rumtobende) Schweinehund ist so überdimensional, überproportional groß und meiner so annehmend, dass ich allein beim Gedanken an das Fitnessstudio innerlich aufschreie. Meine Erfahrung in Form solcher Versuche in vier Studios lehrte mich, dass ich nicht der Typ dafür bin. Was nun? Ich brauche einen (nein, mehrere!) Tritt in den - sorry! – Allerwertesten, damit das Ganze, der komplette Prozess ins Rollen kommt. Und somit verhindert, dass ICH zum Rollen komme.

Die Lösung liegt auf der Hand: ein Personal-Trainer. Traum meines Lebens. Teuer, wahnsinnig teuer für mich, aber mit Sicherheit sehr effektiv. Bevor ich stundenlang darüber nachdenke und womöglich den Gedanken doch verwerfe, google ich den Begriff für Braunschweig. Das erste Ergebnis: Bodymovements im Schimmelhof. Infos auf der Homepage klingen glaubwürdig, und so entschließe ich mich kurzerhand, den Inhaber, Gary Schwarzer, anzuschreiben und meine Intention zu schildern (Abnehmen und Fitness!). Mit einem lakonischen

Hinweis, dass mir eine Kommunikation per Mail lieber ist als ein Telefonat.

Als mein Telefon klingelte und Gary Schwarzer am Apparat ist, habe ich keine Zeit, mich aufzuregen, dass ich mir Infos per Mail gewünscht habe. Im Nachhinein war mir natürlich klar, dass es so besser ist. Prompt bekomme ich einen Vorschlag, zum Probetraining zu kommen. Ja, ich willige ein.
Was habe ich mir bloß dabei gedacht??? Gut, dass ich es vorher nicht wusste!

An dem Tag bin ich ohne Auto und muss mit den öffentlichen Verkehrsmitteln zum Schimmelhof fahren. Im Internet meinte ich, gelesen zu haben, dass mein Bus um kurz nach halb eins fährt, also genug Zeit, um halb zwei beim Training zu sein. Ich packe gemütlich meine Trainingssachen und das Duschzeug ein, um irgendwann festzustellen, dass ich doch zu spät bin. So stürme ich aus dem Haus und sprinte zur Bushaltestelle, und da kommt die erste (unangenehme) Überraschung: irgendwie verkrampft sich der rechte Teil meines Musculus gluteus maximus, so dass ich gar nicht laufen kann. Ich hole tief Luft: klar, ich bin absolut untrainiert, noch nicht mal warm, und jetzt sprinte ich zum Bus? Ist doch klar, dass so etwas in der Art kommen sollte!

Ich beiße die Zähne zusammen, komme beim Fahrer an, um mir anzuhören, dass der Bus erst in 10 Minuten losfährt. Ich bin perplex. „Aber im Internet stand…", murmele ich unschlüssig. Und die lapidare Antwort des Fahrers ist: „Nicht alles, was im Internet steht, stimmt". Na super. Warum sollte ich, eigentlich eine Autofahrerin, mich nicht auf die Internetauskunft verlassen dürfen? Aber das ist und bleibt letztendlich eine rhetorische Frage.

Also schicke ich Gary eine SMS, dass ich mich womöglich etwas verspäte. Und – oh, die Erleichterung! – ich bin fast pünktlich da. Schnell ist das Begrüßungs- und Klärungsgespräch um, ich ziehe mich um und trete das Probetraining an.

Was soll ich sagen? Ich werde gejagt. Ich laufe, ich dehne mich, ich jauchze, ich stemme

Gewichte, ich schwitze. Am Ende bin ich erschöpft und fühle mich wie ein XXL-Runningback, der über das ganze Feld zum Touchdown gelaufen ist und am Ende auf der Trainingsbank mit der Sauerstoffflasche sitzt. Keine Frage, ich bin nicht er. Ich hab nichts vollbracht. Aber ich kann so gerne so gut diese bekloppte Sauer-stoffflasche gebrauchen!

Aber es gibt keine Sauerstoffflasche. Und so schleiche ich mich in die Duschkabine, ächzend, stöhnend, aber fest entschlossen, das Training zu beginnen. Es stimmt alles: Gary ist einfühlsam und verständlich, was mein Problem und mein Ziel angeht. Ich schließe den Vertrag ab und überweise den fälligen Betrag.

Die folgende Trainingseinheiten kommen mir wie harte Arbeit vor. Abwechslungsreich und erbar-mungslos, und Gary lässt nicht zu, dass ich aufgebe. Langsam verstehe ich, warum das Studio ein einziges Slogan in riesigem Schriftzug ziert: „Möge Kraft mit dir sein". Ja, ich bitte darum!
Aber es zahlt sich aus: ich japse nicht mehr so

viel, ich kann mich besser bewegen, meine Kondition steigt und die Heinzelmännchen haben aufgehört, an meinen Klamotten rumzuwerkeln. Schön!

An einem Tag begrüßt mich ein junger, sympathischer Mann im Studio. „Gary ist im Urlaub, ich bin sein Partner, Dennis Zimmermann", war seine Antwort auf meinen fragenden Blick. Wir plaudern beim Training, Dennis erzählt von seiner Football-Karriere, von dem Stress und Druck, davon, dass er den großen Sport verlassen hat, und ich, nichts ahnend, höre zu, nicke verständnisvoll – auch mir ist solche Situation sehr gut bekannt, mehr, als mir lieb wäre… Und plaudere putzmunter mit. Die Trainingsstunde war im Nu vorbei, und erst Zuhause erfuhr ich, wer Dennis Zimmermann war und ist. „DER Dennis Zimmermann?", rief verwundert mein Freund auf. „Er ist doch eine Berühmtheit!". Ja, leider habe ich mich mit Unwissenheit bekleckert, nicht mit Ruhm.

Im Internet finde ich seinen Beitrag über die Welt des Footballs, über seine großartigen Erfolge und Anerkennung, wie er dem Druck nicht mehr Stand halten konnte, wie ihn Depressionen ereilten, wie er Schlussstrich gezogen hat. Sehr bewegend. Und sehr mutig.

Ein perfektes Team, um mich ans Ziel zu bringen. Aber die Rechnung habe ich ohne meine Bandscheiben gemacht, und sie zwangen mich, aufzuhören. Ich hoffe noch sehr, dass es kein Ende meines Traums ist, sondern nur eine Pause. Die, zugegeben, schon so lange dauert... Und trotzdem habe ich noch die Hoffnung, trotzdem möchte ich eines Tages da sein und „Hallo" zu Gary und Dennis sagen, mich von ihnen zuerst quälen, dann formen und konditionieren lassen. Träumen darf ich doch, oder?

# Äpfel

Eine Betrachtung aus dem Wartezimmerfenster

Ich sitze im Wartezimmer meines Hausarztes. Es ist voll, aber der Tag ist jung, und so lassen sich die gefühlt minütlich steigenden Temperaturen, die in eine unerträgliche, schwüle Hitze auszubrechen drohen, noch relativ gut ertragen. Abhilfe hierfür schafft auch die tägliche Hoffnung auf das angesagte Gewitter und perspektivisch − auf eine leichte Abkühlung insgesamt. Wir schaffen es!

Ich sitze direkt an der Balkontür, die zwar geöffnet ist, dennoch weder Erfrischung, noch irgendeine Luftbewegung ermöglicht. Dafür erlaubt sie einen Blick auf den kleinen Hof des benachbarten Hauses. Eine kleine grüne Oase direkt vor der Tür, mitten in der Stadt. Auf der noch erstaunlich grünen Wiese steht eine Tischgruppe: ein großer, alter, braun gebeizter Holztisch mit abgesplittertem Lack hat seine besten Zeiten hinter sich gelassen, dennoch ist er noch gut im Schuss und recht solide. Eine breite Sitzbank ist aus der gleichen Serie; drei große Rattanstühle ergänzen die Gruppe. Auf dem Tisch liegen viele große Äpfel. Mein Blick gleitet nach oben: die Tischgruppe steht im Schatten eines Apfelbaums, seine prall gefüllten Äste biegen sich durch unter dem Gewicht der schönen Äpfel, grünen, mit roten Bäckchen, knackig und bestimmt ganz lecker. Ein Stück weiter, direkt an der Hauptstraße, wächst ein junger Ahorn, sein frisches, saftiges, strahlendes Blattgrün setzt sich von dem Dunkelgrün des Apfelbaumes und verschiedener Büsche drum-herum deutlich ab. Mitten im geschäftigen Trubel der Stadt - es ist der letzte Ferientag, alle sind allmählich zurück und die Straßen sind voll, - ist dieser kleine gemütlicher Hof eine Insel der Ruhe, ein erfrischendes Farbspiel der grünen Töne, eine Möglichkeit des Einkehrens, die zum

Verweilen, zum Luft holen zum süßen Nichts-Tun einlädt.

Ich lächele ob dieses überraschenden Geschenks des beginnenden Tages, streife wieder und wieder mit meinem Blick über die schweren, prall gefüllten, nach unten strömenden Äste und Stränge des Apfelbaumes, über das fröhliche, frische Grün des Ahornbaumes, über die malerische Apfelkomposition auf dem großen Holztisch und die Stühle, die ruhig und geduldig auf ihre Besitzer und Gäste warten…

Ich bin dran.

# „Das Wort zum Samstag"

Im Braunschweiger Dom

Der sommerliche Samstagmorgen, ohne Hektik, ohne Termin- und Freizeitstress, mit einer Tasse frischge-brühten Kaffee und der Zeitung in der Hand auf dem Balkon ist herrlich. Ich lese quer die interessanten Artikel. Meine Augen streifen die Überschriften, gleiten von einer Aktion des Veranstaltungskalenders zu der anderen, bleiben am Mittagsgebet im Braunschweiger Dom hängen. 5-Minuten-Andacht und Orgelmusik. Wie lange war ich nicht zum Mittagsgebet im Dom? Lange. Sehr lange. Ich kann mich nicht erinnern.

Ein Blick auf die Uhr verrät, dass ich noch genug Zeit habe, mich fertig zu machen. Ich muss sowieso in der Stadt ein paar Gänge erledigen, daher passt es doch ganz gut. Ich fahre los.

Am Eingang nehme ich das „Wort zum Alltag" mit dem ansprechenden Titel „Schätze", das vor zwei Tagen von der Dompredigerin Cornelia Götz vorgetragen wurde. Der Dom füllt sich langsam; ältere, jüngere, Menschen im mittleren Alter kommen rein, setzen sich hin; leise plätschern Gespräche, kurze Unterhaltungen, Begrüßung hier, Lächeln da. Ich lese die „Schätze".

Ein schöner Text, leicht und tiefgründig zugleich. Über eine Abendmahlskanne aus dem 17. Jahrhundert, der durch langes, liebevolles Putzen jedes Detail der Silberarbeit entlockt werden konnte. So erstrahlte vergessener Schatz im neuen Glanz. Genauso wie die alten, fast vergessenen Worte, die durch Neu- oder Wieder-Gebrauch unserem Leben etwas mehr Schön-heit, Geborgenheit, Kraft schenken.

Lächelnd falte ich das Papierblatt, verstaue in der Handtasche, und da beginnt schon die Andacht. Eine kurze Begrüßung, die Orgel ertönt.

Es geht um unsere Städte, Lebens-, Bewegungs- und Begegnungsräume. Mit Bäumen, Parks und Springbrunnen. Um das „Ego einzelner Architekten", die die Räume ändern zugunsten des Kapitalmarktes, dem Modernismus zuliebe.
Aber wir, die Menschen, sind doch gleich geblieben, wir möchten spazieren gehen, den anderen Menschen begegnen, „im Frieden beieinander wohnen", den blühenden Himmel beschreiben (wenn man ein modernes Kirchenlied paraphrasiert).

Schöne Worte. Ein schönes Gebet. Und da ergreift schon die Orgel „das Wort", eine herrliche Melodie, anders, ganz anders als die aus dem „Forrest Gump", aber genauso könnte ich mir die andere Melodie vorstellen, die den Flug dieser berühmten weißen Feder begleitet. Die Klänge tanzen, perlen von dem tragenden Ton ab; sie plätschern, sie tröpfeln, sie rieseln wie volle Regentropfen, sie nehmen mein Herz auf ihre Reise mit.

Die zweite Melodie ist für mich weniger schön. Laut, schrecklich laut, mein ganzer Körper vibriert fast, allerdings nicht vor Ergriffenheit. Die Laute türmen sich auf, ich erkenne keinen roten Faden, kein harmonisches Ostinato, keine richtige Melodie, für mein Gehör fehlt dieser Musik das Runde, das Verbundene. Ich bin erleichtert, als sie aufhört. Es ist offensichtlich, dass nicht jedes Stück französischer Komponisten des 17. Jahrhunderts mir zusagt.

Die herunterstürzende Stille ist befreiend.

Die Menschen bleiben Weile sitzen, wahrscheinlich auch ergriffen von der stillgelegten Sturmböen der Orgelkanonade, dann stehen sie auf und ziehen langsam Richtung Ausgang. Ich mache noch ein paar Fotos von dem beeindruckenden siebenarmigen Leuchter, der wie ein großer Lebensbaum vor mir in die Höhe ragt, im Hintergrund – die sonnenlichtüberfluteten farbigen Mosaikfenster des Altarraums.

Draußen herrscht ein fröhlicher Trubel eines geschäf-tigen Samstages. Ich trage mich wie ein

Gefäß, randvoll gefüllt mit ruhiger, freudiger Stimmung, die in Form eines sanftes Lächelns ihr Ausdruck findet. Mir ist noch nicht danach, in die Geschäfte zu gehen, ich möchte noch diese zauberhafte Ruhe bewahren, diese Leichtigkeit spüren, diese Atmosphäre in meinem Inneren genießen. Und so kehre ich in „Harrys Weinladen" am Langen Hof ein, es ist noch halbleer, viele Tische draußen sind frei. Bei einem Glas der wunderbar leichten, fruchtigen Scheurebe beobachte ich das bunte Treiben der Menschen, es ist auch ein Bierfest vor dem Rathaus im Gange. Ein chinesisches Pärchen, offensichtlich Touristen, bleibt stehen, macht Fotos von den steinernen Allegorien, die die Fassade des Rathauses schmücken.

Eine Familie macht einen kurzen Zwischenstopp an der Sitzbank, die den Baum umkreist, und schleckt genüsslich an den Eistütchen, nur der Junge kann nicht still sitzen und hüpft fröhlich herum. Ein Mann im karierten Hemd torkelt zielstrebig ohne Ziel die Fußgängerzone entlang, hin und zurück, das Frühschoppen war wohl sehr erfolgreich. Eine elegant angezogene Dame im schwarz-weiß bemusterten Kleid biegt um die Ecke und nimmt Platz an einem der draußen stehenden Tische. Ich musste lächeln – so schön harmoniert ihr dunkel-roter Lippenstift mit der Farbe ihrer Handtasche und leichten Riemchen-Sandaletten. Ein älteres Pärchen, er mit einem Rucksack, sie – mit einer kleinen schwarzen Handtasche, noch gut angezogen mit dem Versuch, die Armut zu verstecken, geht langsam über den Platz, vom Mülleimer zu den ALBA-Tonnen, die für die Gäste des Bierfestes überall aufgestellt sind, schauen rein, fischen die Pfandflaschen raus; der Mann steckt sie in der Rucksack, dann gehen sie langsam weiter. Ich lasse diesen Moment politisch-gedanklich unkommentiert, aber Mitleid füllt mein Herz. Auch dafür ist dort genug Platz. Weil es das Leben ist, und im Leben ist alles neben- und beieinander. „Wenn wir Gebeugte stärkten und die Schwachen schonten"…

Noch Tage danach trage ich die Gedanken, Gefühle und die Stimmung dieser Stunde mit mir. Ich sammle meine Schätze – Eindrücke, Momentaufnahmen, Si-tuationen, ich reihe sie auf die Perlenschnur meiner Erinnerungen. Es sind meine Schätze. Der Gedanke an die silberne Abendmahlskanne lässt mich nicht los, ich werde die Dompredigerin anschreiben – vielleicht darf ich diese Kanne sehen?

## Schätze unseres Lebens

Nachtrag zum „Wort am Samstag"

Ich schreibe Cornelia Götz, die Dompredigerin, an. Schildere kurz, dass ich im Dom war, ihr „Das Wort zum Alltag: Schätze" gelesen habe und mir sehr gerne die dort erwähnte silberne Abendmahlkanne anschauen würde. Die Antwort lässt nicht lange auf sich warten, und – oh, Freude! – ja, ich kann mir diese Kanne gern anschauen.

So nutze ich an einem Arbeitstag die Mittagspause und gehe zum Dom. Dort schildere ich den Damen im Eingangsbereich mein Anliegen;

kurzes Telefonat, dann werde ich auf den am anderen Ende des Dominneren arbeiten-den Küster verwiesen. Ich warte geduldig, bis er mit einem Teil seiner Arbeit fertig ist, und spreche ihn auf die Abendmahlkanne an. Er nickt, geht wortlos zu einer Hintertür im Eingangsbereich, ich folge ihm und bleibe vor der Tür stehen. Und da kommt er schon wieder raus und hält in der Hand eine kleine silberne Kanne.

Behutsam übernehme ich das wertvolle Gefäß. Ich weiß nicht, was ich erwartet habe. Vielleicht, dass es irgendwie größer und nicht so „unspekta-kulär" ausgesehen haben sollte? Leicht, relativ klein und zierlich, wirklich bis zum weichen Glanz geputzt. Ich versuche, die schwungvolle Inschrift an der Seite und auf dem Deckel zu entziffern. Im Bewusstsein dessen, dass ich in den Händen ein Stück der Geschichte halte, einen Gegenstand, der mindestens dreihundert Jahre alt ist, erfüllt mich vielleicht nicht unbedingt mit Ehrfurcht, dennoch mit einem Gefühl der höheren Freude, dass dieses sakrale Gefäß so viele Jahrhunderte, Menschen und ihre Hände überlebt hat; ich versuche mir vorzustellen, wie die Kanne ausgesehen haben mag, bevor sie durch die wohl stundenlange liebevolle Arbeit wieder in ihrem ursprünglichen Gewand glänzte. Schön, wenn die wertvollen Dinge des Lebens erhalten bleiben.

Ich stelle die Kanne vorsichtig auf der elektronischen Orgel ab und mache ein paar Fotos, dann reiche ich sie dankend dem Küstern zurück, der diesmal geduldig auf mich wartet. Er lächelt ganz leicht und verschwindet mit der Kanne in der Hand hinter der Tür.

Zuhause fällt mein Blick auf das Holzkästchen, das im Regal steht. Ich habe es von meinem Vater zum 16. Geburtstag bekommen, das war noch in Russland. An den Moment, als ich dieses Geschenk in der Hand hielt, kann ich mich noch so gut erinnern! Das Kästchen war wunderschön, mit Griffen und eisernen Beschlägen, die mich an die russischen Märchen erinnerten. Eigentlich kann man das schlecht „Kästchen" nennen, viel passender ist hier das Wort „Schatulle".

Als ich das Kästchen aufmachte, erblickte ich,

dass es randvoll gefüllt war. Zunächst durfte ich einen schönen, fein geflochtenen, malachitgrünen Schal mit kleinen niedlichen Fransen herausnehmen. Dann entdeckte ich ein kleines Kästchen, das ein wunderschönes Goldkettchen mit ganz zarten Gliedern in seinem Inneren beherbergte. Und zum Schluss kam ein hochwertiges Etui zum Vorschein – auch malachitgrün, und als ich es öffnete, sah ich ein Set mit gold-grünem Füller und ebenso gold-grünem Kugelschreiber, und der goldene Schriftzug „Moskau – 80" erinnerte an die in Russland berühmten Olympischen Spiele in Moskau.

Ich war einfach überwältigt. So viele wunderschöne, wertvolle, unglaubliche Geschenke auf einmal! Glücklich umarmte ich meinen Vater und bedankte mich immer wieder bei ihm, nicht glauben wollend, dass all diese Schätze mir gehören, immer wieder berührend nacheinander mit vor Freude zitternden Händen all die wunderschönen Gegenstände. Von der Überraschung eines Matrjoschka-Prinzips ganz zu schweigen!

Wie lange ist es her? Mein Gott, 33 Jahre! Das Goldkettchen hat die Auswanderung und all die Umzüge nicht überlebt; alle anderen Schätze habe ich noch. Der Zahn der Zeit hat dem Holzkästchen zugesetzt, und wie oft habe ich daran gedacht, es endlich in die Hand zu nehmen und ihm den ursprünglichen Glanz zurückzugeben! Inspiriert durch die silberne Abendmahlkanne, entschließe ich mich, gleich am ersten Wochenende dieses Vorhaben umzusetzen. „Gedacht", getan: an dem herrlich sonnigen Sonntag breite ich alles auf dem Balkontisch aus. Ich befreie das Holzkästchen vom Staub, schleife die Oberfläche behutsam ab und lackiere es vorsichtig von allen Seiten. Diese ganz einfache handwerkliche Arbeit macht mir Spaß, ich hatte schon ganz vergessen gehabt, wie toll es sich eigentlich anfühlt, ein Pinsel in der Hand zu haben. Ich erinnere mich wieder in jeder Einzelheit am meinen Geburtstag, an diesen magischen Moment unendlicher Freude, ich lächele, und diese mich füllende Freude überträgt sich auf jede Bewegung, und es ist so schön, so stimmig.

Und so strahlt mein Holzkästchen im neuen Glanz, und ich freue mich jedes Mal, wenn ich diesen Schatz meines Lebens anschaue.

## Rendezvous mit einem unbekannten Text

Literaturerlebnis im Raabe-Haus

Eigentlich ist der Sonntag die kleine Pause des Lebens.[1] Die dazu dienen soll, sich auszuruhen und neue Kraft zu schöpfen. Eigentlich. Aber ich mag den Sonntag nicht. Wahrscheinlich, weil es der Tag vor Montag ist. Früher musste ich zur Schule, dann – zur Uni. Jetzt muss ich zur Arbeit. Und Sonntag ist der letzte Wochenende-Tag, und im Hinterkopf ist diese komische Morgen-zur-Arbeit-Müssen-Grundstimmung, und irgendwie ist der Tag für mich... ja, eben nicht schön. Aber der frühe Sonntagmorgen ist herrlich. Seit Jahren beobachte ich folgendes Phänomen: am frühen Morgen der Sonntage ist es sehr still. Nicht nur im Haus, wenn man z.B. in einem mehrstöckigen Wohnblock wohnt; nein, wenn man zufällig oder gezielt am frühen Morgen draußen ist, ist es immer sehr still. Als ob auch die Natur noch schläft, als ob auch der lieber Gott sich die Pause im Schöpfungsprozess gönnt. Herrlich, wirklich herrlich!

So ist es auch an diesem Januar-Sonntag still und ruhig in der Frühe. Nicht dass ich es mir vorgenommen hätte, früher aufzustehen, nein, aber der Morpheus hat mich verlassen und ich, nicht in den seinen leeren Umarmungen liegen wollend, ich stehe auf. Irgendwo zwischen der Morgentoilette und der ersten Tasse duftenden Kaffee kommen mir langsame, wahrscheinlich noch schlaftrunken, faul-gemütliche Gedanken in den Kopf: was will ich heute unternehmen? Ich krame aus der Gedächtnisschublade verschiedene Ideenfetzen, die ich mal beim Lesen der BZ und der NB[2], mal beim Hören-Sagen, mal beim Betrachten der Aushänge gesammelt habe. War da nicht was im Raabe-Haus?

Aus dem im Hintergrund plätschernden Radio dringt in diesem Moment in mein Bewusstsein so etwas wie „Freizeittipps". Und da es aus dem „Radio 38" kommt, spitze ich die Ohren. Gleich drei Veranstaltungen kämen für mich in Frage: Dieter Nuhr in der Stadthalle, ein Orgelkonzert in der St. Trinitatis in Wolfenbüttel und ein Vortrag im städtischen Museum. Die Auszüge aus dem Programm von Dieter Nuhr lassen mich schmunzeln, und ich beschließe, spontan hinzugehen und an der Abendkasse mein Glück zu versuchen. Ist nicht ein Abend voller Lachen ein super Abschluss für ein Wochenende? Natürlich ist es! „Kein Scherz"!

Im Laufe des Tages schaue ich doch in das bei der letzten Veranstaltung im Raabe-Haus mitge-nommene Programm rein, und lese endlich die Beschreibung der angekündigten Veranstaltung „Blind Date mit einem Text – anders herum" mit Götz von Ooyen und Ronald Schober. Götz von Ooyen? Der Name ist doch bekannt! Das Format der Veranstaltung kenne ich nicht, aber die Beschreibung weckt sofort meine Neugier: dort steht nämlich, „schwarz auf weiß", dass die vom

Publikum mitgebrachten „amüsante Gedichte oder kurze Texte von den Lieblingsautoren" vorgelesen werden, und da weder die Künstler noch das Publikum weiß, welche Texte es sind, ist es eine Überraschung für alle. Oh ja, ich bringe auch was mit, nur jetzt, auf die Schnelle, etwas Passendes zu finden? Die Uhr an der Wand verrät mir, dass ich hierfür nur wenige Minuten Zeit habe. Kurz, amüsant, von einem Lieblings-autor… Es gibt so Vieles, was zutreffen würde! Omar Kjayyam? Seine Rubai habe ich aber nur auf russisch… Luc Degla? Ich kann mich für kein einzelnes Gedicht entscheiden.

Die buddhistischen Geschichten von Ajan Brahm sind nicht alle kurz… Und überhaupt, ich habe bei weitem nicht alle Bücher ausgepackt, sie warten geduldig auf ihre Sternstunde in Umzugs-kartons… Ich lasse es. Ich muss los.

Zum Raabe-Haus zu Fuß zu laufen, habe ich keine Zeit mehr, so nehme ich glücklicherweise den gleich gekommenen Bus, steige aber Kastanienallee aus, weil die Luft im Businneren so stickig ist. Schnelles Gehen, schöne, klare Luft und die Feststellung, dass ich doch nicht zu spät bin, füllen mich mit Vorfreude auf einen interessanten Nachmittag. Den unscharfen, mit blasser Sorge getünchten Gedanken, dass es womöglich ausgebucht ist und ich nicht reserviert habe, wische ich weg. Und da bin ich schon angekommen, und der lächelnde Raabe in Lebensgröße begrüßt mich mit seinem bekannten Lächeln im alten Treppenhaus, ich trete ein. „Haben Sie reserviert?", wollen zwei jungen Damen am Empfang wissen. Ich bekomme einen leichten Stich ins Herz und verneine die Frage, beteuere aber, dass ich „nur" dabei sein möchte und keinen Text mitgebracht habe. Ich bekomme wohl einen der letzten freien Plätze, trage mich in das Gästebuch ein und, erleichtert, nehme ich Platz am Fenster in dem Vortragsraum mit den bekannten blauen Tapeten mit goldener Prägung. Ein paar bekannte Gesichter, nicken, kurz begrüßen, lächeln.

Und da betreten schon Götz van Ooyen und Ronald Schober den Raum, platzieren sich auf den Stühlen, zwei Kaffeetassen auf dem Tischchen und eine durchsichtige Box mit eingerollten Texten auf dem Boden. Eine kurze, freundliche

Begrüßung, und da geht es schon los, und die erste „Fee" oder „Elfe" (oder „Elf") aus dem Publikum darf die erste Papierrolle ziehen.

Ronald Schober breitet die Rolle aus, schmunzelt und liest vor: „Über das Älterwerden" von Wilhelm Busch. Lebhaftes Gemurmel, gemischt mit Plätschern kurzer, gedämpfter Lacher durchläuft das übersichtliche Publikum, fast alle lächeln und nicken. Ein herrliches Gedicht!

Wie wahr, wie wahr, auch heute empfinden wir so oder ähnlich jedes Jahrzehnt, was auf unser Alter folgt; und eine ältere, neben mir sitzende Dame (ich schätze sie auf weit über 80) bestätigt „die Richtigkeit" fast jeder Zeile mit einem kurzem Kommentar. Er sollte wahrscheinlich lautlos sein, aber ist er nicht, vielleicht, weil die Dame etwas schwerhörig sein mag und ihren eigenen Kommentar kaum hört? Ich höre ihn jedenfalls sehr laut und deutlich, am Anfang der Vorle-serunde stört es mich etwas (die Dame hat so ziemlich alles „kommentiert"), aber dann machen mich diese „Störenfriede" auf die eine oder andere Stelle aufmerksam, die ich so vielleicht überhört hätte.

Götz van Ooyen setzt mit einer kurzen Erzählung „Besuch. Zum Schmunzeln" eines unbekannten Autors fort, und zieht in seine Bahn, und plötzlich sind all die dort vorkommenden Menschen präsent, jeder mit seiner eigenen Stimme; die Geschichte ist wirklich lustig, am Ende lachen alle, und die Laustärke des Applauses „platziert" diesen Text ziemlich oben im nicht vorhandenen Rating. Der Applaus nach jedem weiteren Text ist ein Indikator der Publikumssympathie an diesem Nachmittag.

Es folgen Gedichte, Texte, toskanische Märchen, die zum Nachdenken, zum Lachen, zum Staunen einladen. Eine kleine Geschichte „Das perfekte

Herz" berührt mich sehr, das Wahre und das Schöne füllt mit einer unglaublichen Intensität mein Herz und meine Augen – mit Tränen. Diesmal schweigt das Publikum einen Moment, bevor der Applaus den Raum füllt.

Es ist dieser berühmte Augenblick, dieser Moment, wo das ganze Publikum kurz schweigt, ergriffen von der Magie und Kraft der Wahrheit. Wirklich schön.

Irgendwann schaut Ronald Schober auf die Uhr und sagt: „Na, alle Texte werden wir nicht schaffen. Wir haben noch drei Minuten. Einen letzten Text?". Mein reflexartiger Blick auf die Uhr verrät mir, dass es fast viertel vor vier ist. Schon? Noch? Dieser physikalisch nicht existente Parameter, welcher mir, dem Kind der Zivilisation doch sehr präsent ist und mich, auch ohne einen Blick auf die Uhr zu werfen, die Zeit mit Genauigkeit bis auf paar Minuten schätzen lässt, diese Größe – Zeit genannt – zeigt doch auf eine wundersame Weise ihre Nicht-Existenz: ich könnte schwören, dass nur paar Minuten vergangen waren. Gleichzeitig war das eine kleine Ewigkeit, so viele Gefühle und Empfindungen,

Gedanken, Rückblicke – ob auf das eigene Leben oder literarische Texte aus dem russischen Kulturgut, die die gleichen Inhalte haben und die ähnlichen Überlegungen und Gefühle aufrufen, - all das war eine kleine, intensiv erlebte Ewigkeit.

Der letzte gezogene Text ist eigentlich kein richtiger literarischer Text, genau genommen sind es zwei Texte: ein Zeitungsartikel über „Novencento"-Aufführung mit Götz van Ooyen im Staatstheater Braunschweig. Und ein „Wort zum Alltag" von der Braunschweiger Dompredigerin Cornelia Götz mit dem Titel „Das Leben ist riesengroß" über…„Novencento"-Aufführung mit Götz van Ooyen. Ein ungewöhnlicher Abschluss für diese literarische Veranstaltung, aber gerade deswegen so schön.


Ich schaue in die erhellten, lächelnden Gesichter der sich zum Ausgang begebenden Zuhörer, meine Freude ist grenzenlos, ich bin so energiegeladen, ich kann fliegen, ich kann die ganze Welt umarmen! Ich ergattre noch die Autogramme von den Künstlern, reserviere für mich einen Platz für die nächste Veranstaltung und ströme zum Ausgang, hinaus, auf die Straße, ich laufe zu Fuß, ich könnte singen, so schön und erhaben war für mich diese unendliche Dreiviertelstunde. Ich trage diese wunderbare Stimmung nach Hause, ich weiß, sie wird mich noch die Tage begleiten. Und Dieter Nuhr? Nein, heute nicht.

[1] Vgl. Michael Harles: Nimm dir Zeit, genieß das Leben! Münster, 2012. S. 35. [2] BZ: Braunschweiger Zeitung, NB: Neue Braunschweiger.

# Ostern-Intermezzo 2020

Südsee

Der Ostersonntag, ohne große vorherigen Einkäufe, ohne großes Familientreffen, ungewöhnlich frei und entspannt, beginnt mit einem Spaziergang um den Südsee. Die Sonne scheint um die Wette, die Luft ist frisch und mit Frühlingsdüften getränkt, es ist herrlich warm.

Bewaffnet mit der Sonnencreme und einer Picknickdecke, diesen sicheren Boten des kommenden Sommers, steuere ich zusammen mit meiner Tochter unsere gewöhnliche Runde an.

Es sind viele Spaziergänger und Radfahrer unterwegs, Familien mit Kindern, manche Menschen halten Abstand zueinander, manche tragen Schutzmasken. Alle lächeln und sind gut drauf.

Kurz vor der Holzbrücke mit den Liebesschlössern entdecken wir auf einem Pfosten einen kleinen Schokohasen. Der steht einfach da (natürlich, was soll er sonst machen?), hält den noch nicht für die Schokohülle gefährlichen Sonnenstrahlen stand, lächelt und wartet womöglich auf ein Kind, das ihn mitnimmt. Ein schönes Bild. Wir lächeln, ich zucke mein Handy raus und halte den süßen Moment fest.

Ein paar Meter weiter sehen wir weitere Mitglieder der Schoko-Osterfamilie auf einem weiteren Holzpfosten, diesmal eine Ente; auf dem Brückenpfosten – ein Ei und wieder einen Hasen. Wir lachen, wir breiten unsere Picknickdecke aus und lehnen uns an die Brückenkette, Schuhe ab, nackte Füße baumeln in der Luft.

Wir genießen die herrliche Aussicht, wir reden, wir schweigen, wir lachen. Die im Wasser gespiegelte Bäumchen und Stauden geben ein schönes Bild ab; ein kleiner Wasservogel, schwarz gefiedert, begutachtet hektisch und laut schreiend eine kleine Insel im Ufersgrün; sein schrillendes „Köw, Köw, Köw" klingt lustig, wir lachen ob der „Unterhaltung" (später verrät mir Wiki, dass es eine Blässralle ist).

„Mama, bist du glücklich?", fragt mich meine Tochter und holt mich zurück zum Thema unseres Gesprächs. Bin ich glücklich? Vielleicht jetzt, in diesem Augenblick. Ich lausche der sich ausbreitenden Stille in mir und ja, diese friedliche Stille, diese Abwesenheit der Gedanken, dieses einfach nur da sitzen, dem Vogel zuhören, diese wohllige Wärme spüren... In diesem Augenblick bin ich glückseelig.

Wir beobachten, wie vorbei gehende Familien mit Kindern die Schokofiguren entdecken, es entsteht ein Plätscherndes „Schau mal!", „Nein, wir haben genug! Lass das für die anderen Kinder stehen!", „Stell das bitte zurück!", „Wie süß!". Ein Junge mit interessantem Equipment aus einem Hut, Rucksack, Stiefeln, in der Hand – ein Stock und ein selbstgebasteltes Tulpenkörbchen, bleibt kurz stehen, nimmt und schaut sich kurz das Häschen an, erwidert leicht unser Lächeln, stellt das Tierchen zurück. Ich bin verblüfft: er sieht genauso aus wie der Eric aus dem Film „Mr. Magoriums Wunderladen"! Da kommen auch schon die Eltern, und das kleine Brüderchen, mit einem niedlichen blauen Hasenkörbchen in der Hand, schnappt das Schokohäschen und ist in Begriff, die Beute schnell verschwinden zu lassen. Aufgehalten durch ein Ruhiges „Aber wir haben doch schon so viele! Lass es bitte für die anderen Kinder da stehen!" seiner Mama, hält er inne, die Ernsthaftigkeit seines kleinen Gesichts deutet auf einen komplizierten Gedankengang hin. Er schaut sich unsere lächelnden Gesichter an, schaut das unwiderstehliche bunte Figürchen in seiner Hand an und – zack! – blitzschnell lässt es in seinem Korb verschwinden. Wir lachen über seine Entschiedenheit: „Richtig so!". Die Mama lächelt auch, und die ganze Familie geht weiter.

Wir hören nicht auf, die Wunderaugenblicke dieses Morgens, wie wunderschöne Perlen, auf eine Schnur der Zeit aufzureihen. Irgendwann gehen wir weiter.

Später schaue ich mir die Fotos an, diese festgehaltenen Momente der Freude. Und in den ungewöhnlichen Zeiten der Einschränkungen durch die Corona-Epidemie registriere ich noch stärker die Augenblicke, die zu gewöhnlichen Zeiten womöglich wenig Beachtung gefunden hätten. Wie diese Schokofiguren, verteilt auf dem ganzen Weg um den Südsee. Entspanntes Schlendern der Familie und die Suche nach den versteckten Ostereiern. Ein auf dem Asphalt mit der Kreide Gemaltes „frohe Ostern wünschen wir euch!".

Ich hoffe sehr, dass im nächsten Jahr Marias Osterhasen keine Schutzmasken tragen werden.

# „Hände weg von Schijes!"
# Ein Kampf gegen die größte
# Mülldeponie Europas

LEBEN in BRAUNSCHWEIG politisch

Zeit ist so eine Sache… Wenn so gut wie alle Aktivitäten des öffentlichen Lebens eingestellt werden, muss man nicht nachdenken, was so alles nach dem Feierabend gemacht werden kann. Und plötzlich hat man Zeit. Zeit zum Nachdenken, Nachlesen, Aufräumen.

Und so fällt mir an einem Sonntag eine zusammengefaltete Ausgabe einer Protestzeitschrift aus dem russischen Norden in die Hand, die meine Freundin mir per Post geschickt hat. Mit einem Handschriftlichen „Und das ist über unser Unglück, unseren Kampf und unsere Hoffnung".

Ja, klar, gehört habe ich darüber. Allerdings war meine Kenntnis – obwohl das Problem seit zwei Jahren existiert – so ziemlich diffus und verschwommen. Und wer weiß, fielen mir die Zeitungsseiten zu einem anderen Zeitpunkt in die Hand, hätte ich sie womöglich beiseite gelegt mit dem Ewigen „vielleicht später mal"… Nicht so heute. Heute lese ich alle Artikel durch.

Mir gefriert die Kopfhaut.

Es betrifft die Republik Komi im Nordwesten Russlands. Da komme ich her, es ist meine Heimat. Die Region ist größer als Deutschland, aber natürlich nicht so dicht besiedelt. Wälder, Wälder, Wälder – so weit das Auge reicht. Viel unberührte Natur, rau und unzugänglich.

Diese und benachbarte Regionen kämpfen seit zwei Jahren gegen den Bau einer riesigen Mülldeponie, die v.a. den unsortierten Müll aus

Moskau aufnehmen soll. Es gibt technische Möglichkeiten, den Müll zu sortieren, aber es wird nicht gemacht.

Die Zahlen sind erschreckend: während Deutschland nur ca. 1% des Restmülls aufweist, wird in Russland gerade mal 1% des Gesamtmülls sortiert. Und so braucht v.a. die riesige Metropole Moskau mit einer Bevölkerung von über 20 Mio. eine Möglichkeit, ihren Müll wegzuschaffen. Am liebsten ganz weit weg. Nach dem Prinzip „aus den Augen – aus dem Sinn". Die Wahl fiel auf die von Moskau 1200 km entfernte nordwestliche Region Archangelsk, und die Bahnstation Schijes ist seitdem ein Inbegriff des Kampfes vieler Umweltaktivisten gegen die Willkür der Regierung, der Macht, gegen die Gleichgültigkeit.

Es entstand ein Camp – mitten in der Taiga, mitten im Nirgendwo. Menschen unterschiedlicher Religionen, sozialer Schichten und Überzeugungen vereint hier eins: der unermüdliche Kampf gegen die Vernichtung des Waldes, gegen die Vernichtung der Natur, gegen die ökologische Katastrophe unvorstellbaren Ausmaßes.

Offiziell soll die größte Mülldeponie Europas „nur" 350 ha groß sein; man vermutet aber, dass tatsächlich eine gigantische Waldfläche von 5000 ha der Müllsammlung zu Opfer fallen wird. Stellen Sie sich eine Fläche vor, die 10 Mal so groß ist wie das Naturschutzgebiet Riddagshausen. Alles voller Müll. ICH kann es mir nicht vorstellen!

Der unsortierte Müll soll in Hartblöcke gepresst, per Zug hierher befördert und abgelagert werden. Mitarbeiter des Komi Wissenschaftszentrums Uro RAN und des Institutes für Biologie haben mithilfe der Programme von NOAA (National Oceanic and Atmospheric Administration, USA) ausgerechnet, was im Laufe der Zeit passieren wird:

Infolge der Fäulnisprozesse organischer Stoffe kommt es zur Entstehung solcher giftigen Gase wie Methan, Kohlenstoffdioxid, Formaldehyd, Ammoniak, Schwefelwasserstoff, - um nur einige zu nennen. Eingeschlossen in Blöcken, entwickelt dieses Gemisch einen hohen Druck, was zwangsläufig zu einer Explosion führt. Stark riechende, hochgiftige Gasverbindungen steigen in die Luft, und durch die Bewegung der Luftmassen erreichen sie viele bevölkerte Nordregionen. Die stark verpestete, stinkende Luft wird unweigerlich zahlreiche Erkrankungen hervorrufen und stellt somit eine direkte Bedrohung für die Gesundheit (und das Leben!) der dort lebenden Menschen dar.

Nach einiger Zeit des Verbleibens in der Atmosphäre kommen die giftigen Gase in Form der sauren Niederschläge herunter. Hauptverursacher des Waldsterbens, vergiftet dieser Regen den Boden, die Oberflächengewässer und das Grundwasser. Durch die Flüsse erreichen die Gifte das Weiße Meer und den Arktischen Ozean. Ein Horror-Szenario für den ganzen Planeten!

Wir diskutieren über $CO_2$-Verschmutzung unserer Atmosphäre und den Klimaschutz. Die Schüler gehen auf die Straße, zahlreiche Maßnahmen werden eingeführt, um die Folgen des menschlichen Handelns für die Erde abzumildern. Und nebenan entsteht eine riesige Müllkippe, die nicht nur $CO_2$, sondern auch ein weit stabileres, hochexplosives, extrem giftiges Methan und andere Gase entstehen lässt? Und das auf einem gigantischen Territorium des Waldes und der Sumpfgebiete? Wo natürliche kolossale Menge von Torf vorkommen? Einmal entzündet, wird es jahrzehntelang brennen!

Ein sicherer, qualvoller Tod für die unberührte Natur, jahrhundertalte Bäume, Pflanzen, seltene Tiere. Schwerwiegende, nicht ausrechenbare Folgen für die Flora und Fauna, für die ganze

Natur. Für die Menschen in Europa und nicht nur dort. Für uns alle.

**Ein zweites Tschernobyl.**

Und deswegen lehnen die Menschen in Russland sich auf. Trotz aller Widrigkeiten, gerichtlichen Folgen, Schikanen, Drohungen und Entlassungen. Sie kämpfen nicht nur um die Lebensqualität, auf der Karte steht ihr Leben, das Leben und die Gesundheit ihrer Kinder. Sie kämpfen im Camp von Schijes – durch ihre Präsenz, durch ihre unermüdliche, mutige Konfrontation mit der Regierungsrepräsentanten. In einem Zelt, mitten in der Taiga. Bei Minus 40 Grad im Winter, bei Wind und Wetter. Keine Straßen, keine Wege, keine Infrastruktur. Selbstversorger. Und der Müll im Camp wird sortiert!

Inzwischen entstand eine russlandweite Protestbe-

wegung mit unzähligen Initiativen, Protestak-
tionen, Petitionen, öffentlichen Briefen an Putin.
Tausende und Zehntausende Menschen nehmen
an der Bewegung teil. In Moskau, St. Petersburg,
in Syktywkar und vielen anderen Großstädten,
Städten, Städtchen. Arbeiter, Angestellte, Rent-
ner, Studenten, Wissenschaftler. Mitglieder
verschiedener Zero Waste-Organisationen.

Ich greife zum Telefon. Wie kann ich von hier aus
diese Initiative unterstützen? Was kann ich tun?
Ich trete der Facebook-Gruppe „Komitee zur
Rettung des Petschora-Gebiets" bei, ich teile die
Posts, lese einen Artikel im WELTSPIEGEL und
schaue mir im Archiv die ARTE-Sendung zu
diesem Thema an. Ich studiere die Chronik des
Geschehens auf den russischen Internetseiten.
Und schreibe diesen Blogbeitrag.

Auch wenn Russlands Norden von hier weit entfernt zu sein scheint: unsere Welt ist klein. Unsere blaue Kugel ist zerbrechlich und sehr, sehr klein; der Wind und das Wasser kennen keine Grenzen. Auch wir hier sind betroffen.

Manchmal reicht es nicht, alles wahr- und zur Kenntnis zu nehmen. Manchmal muss man die Stimmen der Kämpfer weitergeben.

# Kaleidoskop des Jahres

Eindrücke aus dem Jahr 2020

Ein schweres Jahr, das vergangene. Mir fallen so viele Begriffe auf -los ein: trostlos, kontaktlos, hoffnungslos, ausweglos, kraftlos... Die Liste kann man um „düster", „traurig", „einsam" usw. fast unendlich erweitern. Ein Jahr, über das alle schimpften und in der Silvesternacht mit großer Erleichterung abschlossen. Und doch gab es viele Lichtblicke, weil das Leben niemals nur schwarz ist. Inspiriert durch die kürzlich im Fernseher gesehenen Japan-Reiseeindrucke von James May, stöbere ich im Internet zum Thema „Haikai" von Bashô, und das erste Haikai, was ich entdecke, berührt sofort mein Herz:

**haru ya koshi**
**toshi ya yukiken**
**kotsugomori**

**Ist das Frühjahr gekommen**
**oder das Jahr vergangen?**
**Der vorletzte Tag.**

Das Frühjahr kommt. Und das Jahr ist vergangen.

## *Neue Leidenschaft*

Der letzte Frühling stand nicht nur unter dem Zeichen „Corona", sondern auch unter dem drohenden Fahrverbot an Sonn- und Feiertagen für Motorradfahrer. An sich ein Thema, das mich bis dato kaum berührte, befand ich mich doch weder im Lager der Motorradfahrer-Hasser, noch spürte ich eine Verbundenheit mit den Freigeistern auf zwei Rädern. Und es war mir auch nicht klar, dass nicht nur die Fahrer der zweirädrigen Gefährten betroffen wären, sondern all die Quad-, AMT-, Spyder- und Rykerfahrer, also all die, deren Maschinen drei und vier Räder aufweisen. Meinen Jugendtraum, ein Motorrad fahren zu wollen, habe ich inzwischen ad acta gelegt: als ich 17 war und den entsprechenden Führerschein machen wollte, hatte meine Mutter ihr Veto eingelegt. Später hatte ich weder Zeit noch Geld dafür. Und in der jüngsten Zeit gesellten sich auch die gesundheitlichen Wehweh-chen zum Lager aller Probleme hinzu, und ich habe meinen Traum komplett abgeschrieben. In meinem Herzen blieb eine leichte Traurigkeit zurück, und gelegentlich beobachtete ich Motor-radfahrer, die mit einer beneidenswerten Leich-tigkeit ihre Pferdeherden beherrschten und das Gefühl purer, ungehinderter Geschwindigkeit genossen, mit einem sehnsüchtigen Lächeln. Ich bin keine Motorradfahrerin.

Aber pauschal die Ausfahrten verbieten? Fast elf Millionen Biker die Freude am Fahren am Wochenende nehmen? Und viele Gastronomen, die zahlreichen beliebten Treffpunkte bewirten und ohnehin schon unter der Corona-Maß-nahmen leiden, in den finanziellen Ruin stürzen? Und das wegen einigen wenigen Fahrern, die das Gesetz und die Regeln mißachten? Das ginge auch mir zu weit, und so schloss ich mich dem Orga-Team der ersten Demo am Pfingstsonntag in Braun-schweig an. Marco Brandt, der Initiator der Protestaktion, stellte in kurzer Zeit eine Stern-fahrt auf die Beine, mit Masken, Imbiss, Pausen und einschließender Einkehr ins „Parlament" in

Lehndorf. Ich war fasziniert von dem starken Gefühl der Zusammengehörigkeit, das all die Biker verbündete, die lockere, dennoch respektvolle Art des Umganges miteinander. Ein Volk für sich, sehr sympathisch.

Noch ein letztes kleines Klönen auf dem Parkplatz, letzte Zigarette, bevor es nach Hause ging. „Komm, dreh eine Runde", sagte Marco zu mir. Ich? Eine Runde? Mit seinem „General"? Ich saß noch nie auf einem Ryker. Bis vor kurzem wusste ich noch nicht mal, dass solche Maschinen überhaupt existieren. Und ich wusste nur ungefähr, wie man sie fährt. Aber es reizte mich schon ein wenig. Marco nutzte meine Unsicherheit, reichte mir seinen Helm und ich nahm ihn reflexartig an. Damit war die Entscheidung besiegelt. Eine kurze Einleitung, und binnen Sekunden saß ich auf dem Ryker. Ich holte Luft und fuhr vorsichtig los. Der Vorsichtigkeit blieb ich die ersten Meter treu und bis zur ersten Kurve. Danach war es damit vorbei, und ich gab auf direkten Strecken Gas. Ich musste richtig laut lachen unter dem Helm, so etwas Vergleichbares hatte ich noch nie erlebt gehabt, mit keinem

Auto, und ich fahre seit 30 Jahren Auto(s), auch schnelle Gefährten waren dabei. Es war ein wahnsinnig schönes, prickelndes, adrenalinspendendes Gefühl der nackten Geschwindigkeit, Wind um die Ohren (gut, nicht wirklich um die Ohren, da der Helm einiges an Gegenwind abnahm); ein sensibel auf jede Handbewegung reagierendes Gas... am Lenker, so ungewöhnlich für mich; ein Blubbern des 3-Zylinder-Motors und Freude der 90 Pferde unter der kleinen Haube... Irgendwann stieg ich ab, konnte aber nicht aufhören, zu lachen, und dieses allen Ryker-Fahrern bekanntes „Ryker-Lächeln" war ein Indiz dafür, dass ich mein Herz an das ulkige, flotte Ding mit drei Rädern verloren habe. Es war um mich geschehen.

Zwei Wochen später stand die rot-schwarze metallgewordene Leidenschaft auf dem Parkplatz. Jetzt warte ich sehnsüchtig auf den Frühling, um mit meiner „Red Queen", allein und mit den Gleichgesinnten, fahren zu können, fliegen zu können, Adrenalin und Freude spüren zu können. Mit dem „Ryker-Lächeln" im Gesicht.

Ich war keine Motorradfahrerin. Jetzt bin ich eine.

## *Ostsee*

Der Sommer kam, und mit ihm – die Sehnsucht nach der Meeresluft. An einem heißen Sonntagmorgen entschloss ich mich, spontan an die Ostsee zu fahren, und fünf Minuten später war eine Woche im „Nienhagener Strand" gebucht. Einmal im Jahr muss ich ans Meer, sonst fehlt mir was. Sie fehlt mir, diese unglaubliche Weite, wo der Himmel das Wasser küsst (nicht die Erde), die salzige, ionisierte Luft, das Wellenrauschen, Schreie der ewig hungrigen Möwen, Sand unter den Füßen und Muscheln am Strand. Jedes mal, wenn ich das Meer nach einer langen Abwesenheit wieder erblicke, zieht sich mein Herz zusammen vor Freude.

Also lief ich eine Woche später alleine am Nienhagener Strand, mir fast in den Arm kneifend, ob es wirklich kein Traum ist. Ein Segen, keine Gespräche führen und nur dem Meeresrauschen lauschen zu müssen. Ein Segen, nur das Spiel der Wellen und diese herrliche Weite sehen zu können, wirklich eine Augenweide. Kurze Gesprächssequenzen einiger weniger Menschen am Strand – gelobt sei die Schulzeit! - kann ich gut überhören; Gedankenfetzen in meinem Kopf sind kurz, unförmig und verschwinden genauso so schnell und spurlos, wie meine Fußspuren im Sandstrand, abgeleckt von den Wellen. Die Luft schmeckt salzig und frisch. Alles zusammen reinigt mich von dem Stress der Stadt, hektischem Alltag, von den Abgasen, ständigen Geräuschkulissen und Unruhe des zivilisierten Lebens. Alles zusammen spült mich durch, vom Kopf bis Fuß, und alles Angestaute, Unnötige und Sperrige löst sich langsam auf, weicht der göttlichen Leere, die irgendwann einen Platz dem Neuen bieten wird.

Ich möchte gar nicht ins Hotel. Und so beobachte ich, wie die untergehende Sonne den Himmel in ein zartes Rosablau färbt, sich im Glanze des Meeres spiegelt, und in diesem Lichtermeer ruht am Horizont ein Schiff. Der Wind wird stärker und frischer, die Möwen – ruhiger. Und als ob es nicht romantisch und wunderschön genug wäre, höre ich plötzlich leise ein Saxophon spielen. Es ist einer dieser Momente, der uns unwirklich erscheint – wie aus einem schlechten Liebesfilm, fast schon kitschig, dennoch so herrlich-wunderschön. Ich drehe mich um und sehe am Ufer einen Mann stehen, der mit seinem Saxophon eine paradiesische Atmosphäre zaubert, und die wenigen Passanten bleiben stehen, hören zu, lächeln und schweigen. Ich lächele auch, und verabschiede die Sonne, den Himmel, das Meer in die Nacht.

Die Woche verging wie im Flug. Die Zeiten am Strand unterbrach ich nur zum Spazierengehen, und diese ausgedehnten Spaziergänge bescherten mir viele schöne Augenblicke: buddhistische Pyramiden aus den flachen Steinen, einzigartige Stimmung des „Zauberwaldes", Möwen im Sturzflug, Caspar David Friedrich-reife Land-schaften. Und jeden Abend spielte der Saxopho-nist, und das war schön und bejahend, wie das Leben selbst.

## Das Theater lebt

Meine Freundin und ich haben uns lange nicht gesehen. Bekanntermaßen klappen spontane, fast ungeplante Treffen am besten, und so kam es, dass wir uns an einem warmen, sonnigen Frühnachmittag auf eine Tasse Kaffee bei „Haertle" trafen (beim Tippen dieser Zeilen ertappe ich mich dabei, wie fast unwirklich diese kleine Selbstverständlichkeiten des Lebens mir jetzt, im harten Lockdown, vorkommen: wer träumt jetzt bitte nicht von der Möglichkeit, in einem Café zu sitzen und etwas zu trinken?). Ja, aber damals dachten wir alle: es ist alles überstanden, die im Frühjahr kurz unterbrochene Normalität ist wieder zurück, fast komplett, aber nur fast: das Theater und Kinos sind weiterhin zu. Aber wir genießen unseren Kaffee, die Sonne, die Zeit, die Gespräche. Und als der Kellner plötzlich sagte: „Wir schließen", wollten wir nicht so richtig glauben. Um 17 Uhr schon? Ja, doch,

und so wechseln wir auf die von der sommer-
lichen Sonne durchwärmten Stufen des Staatstheaters, wir wollten noch nicht nach Hause.

Plötzlich bleibt eine Frau neben uns stehen und
grüßt meine Freundin. Ihre Kollegin vom
Theater. Ein kleines „wie-geht's" und „was machst
du so"-Gespräch, und am Ende stellt sich heraus,
dass die Kollegin zu einer Vorstellung ins Theater
geht. Wie? Es gibt eine Vorstellung? Ja, im
Rahmen des Festivals Theaterformen. Wir
schauen uns an. Theaterabend? Unbedingt! Jetzt.
Gleich. Sofort.

Unter Einhaltung strenger Hygiene-Maßnahmen
holen wir Eintrittskarten. Es gibt sogar kleine
Willkommensgeschenke: Jute-Schulterbeutel,
Schlüsselbänder. Und ein Paar Ohrenstöpsel, was
uns belustigt. Ein Blick ins Programmheft verrät
uns, dass heute eine Installation von Voldemārs
Johansons „THIRST" präsentiert wird. Wir sind
richtig gespannt; man führt uns durch irgend-
welche Hintergänge; ich atme – so gut wie die
Maske es zulässt – die besondere „Theaterluft"
ein, ich freue mich, ich kann es nicht wirklich
glauben.

Die Vorstellung hat schon begonnen, und man weist uns im Dunkeln die freien Plätze zu: es sind einige wenige Lederbänke, die im Raum stehen. Auf der riesigen Leinwand − ein stürmisches Meer in der Nacht. Ein Ozean. Gewaltige Wassermassen, schwarz und tiefblau, bäumen sich auf, stürzen ab, mit einem platzenden Knall, immer und immer wieder, schäumen alles auf, schwellen an, in Windeseile klettern hoch und brechen zusammen, der rasende Wind tobt über dem tollwütig gewordenen Ozean, ohrenbetäubendes Pfeifen, Sausen, Heulen (ah, jetzt ist klar, warum die Ohrenstöpsel!), tosende, rollende, kochende Brandung ... Mir stockt der Atem, ängstliche Unruhe schnürt mir den Hals zu, mein Herz klopft, mein ganzer Körper ist wie gelähmt. Mein Blick klebt schon fast hypnotisch an den gewaltigen Wassermassen, an ihrem kurzen und immer währenden dämonischen Spiel, es ist bedrückend und faszinierend zugleich, diese entfesselte Naturgewalt...

Ich hole die Luft und schaue zu meiner Freundin. Unsere Blicke treffen sich, und wir denken dasselbe: wir müssen jetzt raus. Fast eine Stunde ist um, unfassbar, und am Anfang Gedachtes „es wird noch etwas passieren" wich der ermattenden Sicherheit: nein, das, was auf der Leinwand „passiert", ist „alles", was passiert.

Noch ganz beklommen von dem Gesehenen, Gehörten, Gefühlten und Erlebten, torkeln wir Richtung Ausgang. Mit und hinter uns auch paar Frauen, die erst auf der Treppe leiser zu sprechen beginnen, und ich lausche unwillkürlich zu. Schön soll es gewesen sein, schön und entspannend. Entspannend? Es war alles andere als entspannend. Sicher, es war faszinierend und irgendwie auch schön, diese unglaubliche, alles zerstörende Macht, aber entspannend? Nein. Nicht in dieser Gewalt. Und nicht nachts. Und so freuen wir uns, wieder draußen zu sein, das Erlebnis hinter uns zu lassen, uns der umarmenden, sanften Abendsonne hinzugeben.

Das war mein Theater-Sommer 2020.

## Goldhähnchen

Eines Morgens lag ich auf der Couch, was der schlaflosen Nacht geschuldet war, und überlegte, aufzustehen. Noch langsamen, schlaftrunkenen Fluss meiner Gedanken unterbrach plötzlich ein lauter Knall und Erzittern der Balkonglastür. Ich bin aufgesprungen und hin zur Tür, dann sah ich, was das Ganze verursacht hat: auf dem Balkonteppich lag ein kleiner Vogel, er musste wohl mit der ganzen Wucht des Fluges gegen die Glasscheibe gedonnert sein. Was tun? Ich öffnete die Tür und kam auf das Vöglein zu: sein kleines Körperchen lag, entkräftet, einfach da, die Augen zu. Gedanken überschlugen sich in meinem Kopf: ist das arme Wesen tot? Nein, sein Körper fing an, zu zittern. Gibt es erste Hilfe für Vögel? Wie schwer sind seine Verletzungen? Wenn es sinnlos ist, ist es nicht besser, sich seiner zu erbarmen und sein Leiden zu beenden? In Bruchteilen der Sekunde schnellten Bilder aus den Filmen durch meinen Kopf, wenn die Menschen verunglückte Pferde erschoßen. Das kann ich doch mit dem Vögelchen nicht machen?!

Ich hob das gewichtlose Körperchen auf und bettete es auf dem Handtuch auf dem kleinen Balkonschrank, in der Hoffnung, dass ich vom Treffen einer unschönen Entscheidung verschont werde. Inzwischen kam der verunglückte kleine Pilot zu sich, er öffnete seinen kleinen Schnabel und ragte nach Luft. Das mitgebrachte Wasser weckte nicht sein Interesse, er saß einfach da und atmete. Ich beschloss, dass es das Beste wäre, ihn in Ruhe zu lassen; Hoffnung breitete sich in mir aus, er wird sich mit der Zeit von dem Aufprall erholen und davon fliegen. Meine riesige Gestalt muss wohl sehr erschreckend auf ihn wirken.

Ich verließ den Balkon, behielt aber das kleine hübsche Vöglein mit dem Hütchen im leuchtenden Gelb im Auge. Und siehe da: das kleine tapfere Kerlchen setzte sich hin und drehte sein Köpfchen nach rechts und nach links. Und dann flog es runter, aber nicht Richtung Garten und somit in die Freiheit, sondern wieder gegen die Glasscheibe! Sie hat ihm wohl angetan und mächtig irritiert! Und da lag der Vogel wieder auf dem Boden. Verzweifelt von so viel Pech, eilte ich auf den Balkon und nahm vorsichtig das kleine Körperchen in die Hände. Plötzlich merkte ich, wie das Vöglein (wie heißt es eigentlich?) sich an meinen Finger krallte. Ich ging zum Gelände und drehte das arme Geschöpf in die richtige Richtung, damit es ins Grüne fliegen konnte. Aber der Vogel saß, meinen Finger fest umklammernd, regungslos da.

Die Zeit verging, und langsam wollte ich nicht glauben, dass es Wirklichkeit ist: das Vögelchen kann doch nicht einfach da sitzen? Mich angucken und keine Anstalten machen, wegzufliegen? Eigenartig. Ein Lächeln ging mir nicht aus dem Gesicht. Und als ich langsam schon überlegte, was ich denn demnächst machen soll, flog der kleine Besucher weg. Zurück blieb ein Gefühl heller Freude und Lächeln im Herzen über dieses kleine Wunder.

Später hat mir Wiki verraten, dass es ein Goldhähnchen war.

## *Herbstlichtblicke*

Traurige Rufe wegfliegender Kraniche kündigten den Herbst an. Mit ihm kam auch der goldene Oktober, der große Meister der Farben: unermüdlich zauberte er lodernde Pinselstriche auf die Leinwand der Natur, das Leben feiernd, bevor die Winterpause beginnt. Und im Vorbei-gehen ist immer Zeit da, um anzuhalten, um inne zu halten, um den einen oder den anderen Pinselstrich, das eine oder das andere Farbenbouquet festzuhalten, um zu bewundern des Wunders wegen: sei es ein Regenbogenbaum, ein „Fenster" am Ende einer Passage oder eine zerbrechliche Pusteblume, die den Naturgesetzen trotzt und als Frühlingsgast zu Besuch kommt.

## *Olfaktorischer Genuss:*
## *Entdeckung eines Parfüms*

Was kann besser sein, als ein Kaffeetrinken bei
guten, lange nicht gesehenen Freunden? Im
Hause, wo alles so bekannt ist, nach Freude und
Gemütlichkeit atmet. Würziges Aroma der
Räucherstäbchen, Geknister des Brennholzes im
Kamin, leises Plätschern schöner Musik...
Duftender Kaffee, leckerer veganer Kuchen, wie
immer – ein kleines Kunstwerk; Austausch der
Neuigkeiten, Meinungen, Gedanken und Empfin-
dungen; der Hund, der es sich gemütlich unter
dem Tisch gemacht hat und gelegentlich meinen
Fuß abschlabbert; Lächeln, Gespräche, Pausen...
Schön.

Irgendwann kommt das Thema „Düfte" auf. Wir
lieben schöne Parfüms, aber die strahlenden
Augen meines Freundes, seine Begeisterung und
sinnliche Beschreibung der neu entdeckten

Parfümwelt wecken meine Neugier: es geht um Kreationen von Francis Kurkjian, unaussprechlicher Name, aber ich merke den armenischen „Bau" seines Namens, und Sergej bestätigt die Wurzeln armenischer Herkunft, somit habe ich dann keine Probleme mit dem Aussprechen. Der französische Meister kreiert verschiedene Düfte, und ich werde sofort mit einigen von ihnen bekannt gemacht. Zuerst kommt ein Duft, über den sich die Geister streiten: die einen finden ihn betörend schön und unbeschreiblich elegant, für die anderen riecht er ... nach Jod. Es gibt keine Mitte, entweder liebt man dieses Parfüm oder man kann es nicht ausstehen. Allein diese "Einführung" weckt mein Interesse, und ich begebe mich auf den Weg, die sich auf meiner Haut entfaltenden Duftmoleküle wahrzunehmen. Ein sehr, sehr komplexer Duft, elegant und majestätisch, er betört, verspricht und hält sein Versprechen. Ein Bouquet aus Jasmin, Zedernholz, Safran und Amber, so geheimnisvoll, verlockend, faszinierend und atemberaubend wie die fantastische Welt aus „1001 Nacht". Ganz bestimmt so duftete es in der mich damals als Teenager beeindruckten Szene aus dem Roman

„Der Graf von Monte Christo", als der im Gestalt eines reichen Grafs zurückgekehrte Dantès im ganzen Paris für Aufruhr sorgte, der sich während seiner eindeutig orientalisch geprägten Empfängen auf die bestickten Kissen aus Samt und Seide niederließ, umgeben von Edelsteinen, Perlen und Goldmünzen, handgewebten persischen Teppichen; Kostbarkeiten und exotische Früchte auf den silbernen und goldenen Tabletts, erlesene Weine in Kristallkaraffen, Wasser- und Opium-Pfeifen, edle, duftende Öle und Räuchersteine... Es ist der perfekte Duft für einen schönen Theaterabend, nein, man muss MIT ihm in die Oper gehen, in einem wunderschönen Abendkleid, und einen Lippenstift im tiefen Rot des Schriftzuges von *Baccarat Rouge 540* tragen... Meine Tochter nimmt nur etwas nach Jod Riechendes wahr, und wir lächeln uns an: ja, wir bilden wohl verschiedene Lager.

Als Nächstes kommt „Aqua Universalis", und es ist das Gegenteil von Baccarat: es ist ein junges, strahlendes Lächeln, leicht, unkompliziert und lebensbejahend; ich verliebe mich sofort in den Duft, ich tanze auf der grünen Wiese, ich

schwebe in der transparenten Bläue der frühlings-
haften Luft, in meinen Armen – ein märchenhaft
schöner Strauß herrlicher weißer Blumen, es
duftet nach Maiglöckchen, Bergamotte und
italienischen Zitrusblüten; ein klarer, sanft
durchdringender Duft wie der Klang eines
Tautropfens, von der aufgehenden Sonne geküsst;
rein wie die Quelle, der Ursprung, wie das Leben
selbst... Mein Herz war erobert.

Es folgten noch andere Düfte, zwischendurch
mussten wir durch Einatmen von etwas
gemahlenem Kaffee unsere Nasen neutralisieren,
und irgendwann konnte ich nicht mehr... Aber
die beiden Düfte haben einen prägnanten
Eindruck hinterlassen, - Sonne und Mond,
Morgen und Abend, JA und NEIN, zwei Pole
einer Wirklichkeit, zwei sich anziehende und
gleich-zeitig polarisierende Gegensätze, zwei
Seiten einer Medaille...
Zwei Nachfüll-Röllchen auf meinem Tisch, die
irgendwann vielleicht durch zwei Flacons ersetzt
werden, weil unerschwinglich... Aber jeden Cent
wert.

.

# Weihnachtsfreuden

Ja, ja, die sonderbare Stimmung um Weihnachten 2020 herum... Selten waren so gemischte und gegensätzliche Gefühle beisammen, selten haben Emotionen so oft ein Salto gemacht: von der Hoffnung in die Enttäuschung, von Wut in die Hilflosigkeit, von Freude in die Traurigkeit. Weihnachten fällt aus? Unsinn. Nur, weil es keinen Weihnachtsmarkt, keinen Glühwein-to-go, kein ausgelassenes Feiern gibt? Und hat nicht das Wörtchen „nur" auch seine Berechtigung und seine Tiefe? Man hat es vermutet, und das Vermutete ist eingetreten.

Und auch wenn nicht jedem nach Vorweihnachtsstimmung ist: es ist so wie es ist, und man versucht, die Freuden zu entdecken. Aber diesmal überkommt mich ein anderes Gefühl der Freude als sonst, wenn ich den alljährlichen Weihnachtsbaum vor dem Schloss zum ersten Mal erblicke.

Die Freude ist nicht pur, sie ist nicht ungetrübt. Und zum ersten Mal seit Langem habe ich keine Lust, zu Hause einen Weihnachtsbaum aufzustellen, diesmal bleibt es bei einem improvisierten Kranz. Alles halb so schlimm? Bestimmt. Aber schön ist es auch nicht. Und so schenken mir unvorbereitete Momente ungeahnte, mit Trauer gewürzte Freude: ein Weihnachtsbaum auf der Baustelle Autobahnkreuz BS-Süd, der im Dunkeln immer leuchtet. Und eine geschmückte Tanne am Südsee.